EL LIBRO QUE ME HUBIERA GUSTADO LEER A LOS 18 AÑOS

DANIELA FAOUR

EL LIBRO QUE ME HUBIERA GUSTADO LEER A LOS 18 AÑOS

24 consejos para mujeres sobre
el amor y la vida

EDICIONES RIALP
MADRID

© 2024 *by* DANIELA FAOUR
© 2024 *by* EDICIONES RIALP, S. A.,
   Manuel Uribe 13-15 - 28033 Madrid
   (www.rialp.com)

Preimpresión: www.produccioneditorial.com

ISBN (edición impresa): 978-84-321-6889-5
ISBN (edición digital): 978-84-321-6890-1
ISBN (edición bajo demanda): 978-84-321-6891-8
Depósito legal: M-20988-2024
Impreso en Anzos, S. L., Fuenlabrada (Madrid)

*A mi familia, amigos y todos los que han impactado
mi vida para convertirme en quien soy.*

Bendita la crisis que te hizo crecer

ÍNDICE

Introducción

Desde los 16 hasta mis 27 años de vida, he ido a citas con aproximadamente 50 chicos diferentes. Me he mudado una vez de país y una vez de ciudad. Me han roto el corazón cuatro veces y yo he roto tal vez unos 10 (*sorry...*). He ido al psicólogo. Me han contratado, me han despedido, he emprendido, me han vuelto a contratar, he renunciado. Abrí un blog que llegaba a 300 personas y una cuenta de TikTok que ha llegado a más de un millón de chicas. He tenido miedo, pero me he atrevido a hacer cosas de las que nunca me creí capaz.

Todo lo que cuento en este libro lo he vivido en carne propia. Varias personas de confianza, al leer el borrador me decían: «También deberías hablar del tema X o del tema Y». A esto les respondía: «Entiendo que esos temas pueden ser interesantes, pero yo no he vivido eso, así que no pienso mencionarlo».

Lo que estás a punto de leer son cosas que han cambiado mi vida por completo. Son experiencias propias. Son situaciones que me tocaron vivir de cerca, nadie me las contó. Aquí, yo hablo de lo que sé.

Antes, yo:

— Era una chica insegura, frágil, miedosa.

— Me ilusionaba con cualquier chico, aunque no valiera la pena.

— Pensaba que mi felicidad llegaría cuando conociera al "amor de mi vida".

— Me sentía confundida por mis sentimientos, como si estuviera en una montaña rusa.

— Ponía mi valor en lo que los demás pensaran de mí.

Pero eso cambió.

Yo, hoy:

— Soy una mujer valiente y fuerte.

— Sé identificar claramente cuando un hombre no es para mí.

— Soy feliz, aunque no haya conocido al "amor de mi vida".

— Sé que soy una mujer valiosa, pase lo que pase.

Me encantaría viajar en el tiempo para contarle a la Daniela de 18 años todo lo que he aprendido y evitarle así el sufrimiento de una década. Pero como eso no es posible, escribo este libro con la idea de que pueda ayudar a muchas chicas a navegar por la adolescencia y por sus veintes de forma feliz y *drama-free*, porque me he dado cuenta de que la vida es hermosa si sabes cómo vivirla.

1. Dos artes que debes practicar: "abrir la puerta" y "soltar a tiempo"

Digamos que un chico llama tu atención, pero como no lo conoces o lo conoces muy poco, no quieres parecer desesperada dando el primero paso.

Hay algo que se llama "el arte de abrir la puerta". Miles de personas han hablado de esta idea, que se traduce en algo muy sencillo. Lo que debes lograr es que sea menos intimidante que se acerque a ti. Se puede resumir en **mirar a los ojos y sonreír.**

Si andas con cara de amargada, ningún chico se te va a querer acercar. Muchos hombres tienen miedo al rechazo y es por eso que algunos se niegan a hacer el primer movimiento. Hay que ponérselo en bandeja de plata: míralo a los ojos, sonríe, e incluso salúdalo amablemente (si la situación se presta para esto).

Ahora, ¿qué pasa si ya lo conoces y haces todo eso porque están en un contexto de amigos/conocidos?

Te voy a preguntar algo. ¿Has visto lo que haces cuando estás con un chico que no te interesa en absoluto y lo consideras un amigo? ¿Te da vergüenza hablar con él? No, le hablas con toda naturalidad y **eso es lo que tienes que hacer con este chico que te llama la atención.**

Tengo una amiga que no es precisamente la más guapa del grupo, pero es la más natural, la más sonriente y la más simpática. Y adivina qué: es la que más liga (bueno, ligaba, porque ahora está casada y tiene dos hijos). Estoy segura de que tú misma conoces muchos más ejemplos como este, porque es algo que pasa muy frecuentemente.

Cuando no estás nerviosa, sacas tu lado más auténtico y **atractivo.** Y sé lo que me dirás: «Pero, Dani, ¿cómo hago para no estar nerviosa?». ¡Deja de ver al chico que te gusta como un semidiós! Es tan ser humano como el chico que no te gusta, con sus inseguridades y mañas. No es perfecto, no es "mejor que tú". Trátalo de igual a igual y actúa de forma natural para que os podáis conocer de verdad.

¿Qué pasa si después de hablar con él, no muestra interés en ti? **Ahora te toca soltar.** No pasa nada. ¿Sabes a cuántos chicos les he "abierto la puerta"? Tal vez a cientos. Siempre hay que estar abierta a conocer gente nueva y que algo pueda surgir. Pero solo porque "abres la puerta" no significa que esa sea la persona correcta para ti.

Por más que te guste, si las cosas no fluyen tienes que tener la confianza de que alguien mejor está en camino, porque lo está. Suelta cuanto antes con la seguridad de que no es para ti, y verás que el duelo será breve y sencillo. Lo que es tuyo te encuentra siempre.

Hay una frase de Brianna Wiest, escritora y poeta estadounidense, que lo resume perfectamente: «*There is nothing that you can do to win someone or something that is not meant to be yours*». (No hay nada que puedas hacer para ganarte a alguien o algo que no está destinado a ser tuyo.)

2. Desconfía de la primera cita (y de la segunda)

Nunca confíes en la primera cita que tienes con un chico, porque él (y tú también) probablemente está en "modo conquista". Eso significa que no se va a mostrar como es al 100 %, sino que va a decirte lo que quieres oír y va a actuar como piensa que tú quieres que actúe con el fin de conseguir lo que quiere: conquistarte y que caigas rendida a sus pies.

La buena noticia es que esa actuación no dura demasiado. Por eso te pido que tengas paciencia. Por más que el chico te lleve al mejor restaurante de la ciudad, sea chistoso, caballero, se interese por ti... espera.

Con esto no quiero decir que todos los chicos no se van a mostrar tal como son en la primera cita. No. Hay chicos honestos y sinceros que se mostrarán tal como son. Pero hay muchos que querrán hacerte pensar que son de cierta forma, cuando en realidad no es así.

A lo mejor, dos experiencias que he tenido pueden ayudarte a entender esto un poco más:

La mejor y peor cita con Giorgio

Conocí a un chico, digamos que se llama Giorgio. Él me invitó a cenar en Pamplona. Fuimos de bar en bar pidiendo tapas y tomando vino.

Giorgio era un chico encantador. Era italiano, alto, guapo, chistoso, profundo, y estaba en Pamplona de intercambio por un semestre. Durante la cita me estuvo contando historias de sus primeros meses en Pamplona, pero también me hablaba de su familia y me compartía miedos que tenía sobre su futuro. Hablamos por muchas horas y la cosa fluía muy bien.

Hacía muchísimo frío, y cuando salimos de uno de los bares, él se quitó cada abrigo y suéter que tenía puesto para ponerlo sobre mí para "taparme del frío". Por hacer la broma, se quedó desabrigado mientras yo caminaba con mil prendas encima.

Llegamos a mi portal y al despedirnos intentó besarme. Yo le dije que me parecía muy pronto y me preguntó si la próxima semana podríamos vernos. Le dije que claro que sí.

La siguiente semana quedamos por la noche en un bar en el centro de la ciudad. Y wow, él sí que había cambiado.

El Giorgio encantador, inteligente y profundo que conocí, había desaparecido. Lo primero que hizo al verme, fue reírse de cómo iba vestida. Después fuimos a un bar a tomar algo y él se quejó de por qué en España las copas de vino eran tan pequeñas. Él quería que la llenaran hasta el borde. Luego me contó la rutina que seguía en verano: consistía en despertarse a las 3pm, comer, salir de fiesta, emborracharse y dormirse a las 7am. Así, todos los días. A continuación, me mostró una foto de una plaza hermosa en Italia durante el amanecer. Me dijo: «Mira el centro de la plaza. ¿Ves esa sombra? Soy yo. Me quedé dormido. Mira la mancha de al lado. Ese es mi vómito».

La persona inteligente, culta y profunda, ya no estaba. Era alguien completamente distinto al chico que había conocido una semana atrás.

No hace falta decir que no hubo una tercera cita.

CAMBIO DE PERSONALIDAD DE JOSÉ

Mientras estaba en México visitando a la familia, conocí a un chico. Llamémoslo José. Un día salí a tomar algo con José por primera vez. Él me recogió y fuimos a una cafetería. José era una persona muy alegre y artística. Tenía muy buena conversación y estuvimos toda la tarde hablando. Todo parecía fluir muy bien. En esa cita, José intentó besarme, pero yo le dije que no porque para mí era muy pronto. No le gustó mi respuesta, intentó persuadirme, pero yo seguí firme y al final lo respetó (veremos en el siguiente capítulo qué significa esto).

Después de la cita, me escribió para vernos la siguiente semana. Como me había gustado, le dije que sí.

El José que me recogió la siguiente semana en mi casa era una persona completamente distinta (después me di cuenta de que esa era su verdadera personalidad). Era mucho más serio, no sonreía como antes. ¡Y ya no era tan amable! En un momento, conversando, le mostré una foto mía con mis amigos. Me dijo: «Tus amigos parecen unos *losers*». ¡Insultó a mis amigos en mi cara!

Lo volví a ver un par de veces más (error mío), pero después regresé a España y no supe nada más de él (gracias a Dios).

Una vez, una amiga de la universidad me contó llorando su última experiencia con un chico: la había llevado a cenar, era encantador, la pasaron muy bien. Al dejarla en su casa la besó. Ella estaba muy emocionada, pero después de esa noche no volvió a saber nada de él.

Mi amiga me dijo, desilusionada: «No entiendo. Si lo único que quiere hacer es besarme, ¿por qué tiene que hacerme pensar que quiere algo serio conmigo planeando toda una noche romántica cuando en realidad no es así?».

Lo que quiero decir con estas historias es que no te dejes engañar por las primeras impresiones. Puede que sean verdad, sí. Pero también puede que sea una máscara diseñada para enamorarte y conseguir lo que quieren de ti (*if you know what I mean*).

Espera. Deja que pase una, dos, tres, cuatro o incluso más citas. Conoce a sus amigos. Sus amigos dicen mucho de él. No te aceleres. No pienses que, si no vas rápido, el chico perderá interés. Si lo hace, es porque nunca tuvo interés en primer lugar. Cuando un chico tiene interés de verdad, no le va a importar esperarte porque **vales la espera**.

3. ¿Cómo saber si un chico realmente está interesado en ti?

¿Qué chica no se ha comido la cabeza intentando saber si le gusta o no a un chico? Esto es algo que me solía pasar, hasta que aprendí lo siguiente: cuando un chico está interesado, es bastante evidente. Hasta me animo a decir que lo podría notar un ciego a kilómetros de distancia.

Estas son algunas señales de que está interesado:

—Te escribe y muestra interés de forma constante. No una semana sí y otra no. O sea, cuando a él le conviene.
—Está ahí y quiere formar parte de tu vida. Se interesa en lo que te pasa y realmente te escucha.
—Tiene la iniciativa y hace planes para verte de forma constante (no le tienes que rogar para verlo).
—Le hace feliz estar y hablar contigo. Aunque esté muy ocupado, conseguirá un momento para hacerlo.

—No tiene miedo a comprometerse contigo. De hecho, lo va a buscar.

A veces le dedicamos demasiado tiempo a este tema, pero la verdad es que los hombres son criaturas simples. Hay todo un libro dedicado a ello, se llama *He's Just Not That Into You*, de Greg Behrendt y Liz Tuccillo. Es un gran libro y te lo recomiendo si este es un tema que no te deja dormir.

Cuando un chico es para ti, te vas a sentir segura y querida. Una relación te debe dar paz y te debe sumar. Si no te da paz, si te hace dudar de ti, si él no trata dicha relación como si fuera una de las mejores cosas que tiene, si parece que te está haciendo un favor cada vez que lo ves, ya sabes. *Out*.

Cuando te manda señales confusas (o, mejor dicho: cuando tú no sabes leer sus señales)

Aquí la cosa se pone un poco más complicada, porque a veces un chico actúa como si fuéramos su prioridad #1 y hace todo para estar dentro de nuestra vida. Pero, después de un tiempo, ya no se esfuerza por hablar con nosotras, por vernos, y no muestra la ilusión que había al principio.

Lo más común aquí, es que nos preguntemos si hicimos algo mal para provocar este cambio de actitud, pero la respuesta es mucho más simple que eso: no le gustas.

Si un chico no es constante con su interés en tenerte en su vida, no le gustas. Lo más probable es que vuelva a ti cuando **esté aburrido o necesite afecto o autoestima.** Pero si está de forma inconstante en tu vida, es que no está interesado en ti realmente.

Puede que estuviera ilusionado por conocerte al principio, pero después de un tiempo, simplemente perdió el interés. He descubierto que **no hay excepciones para esa regla.**

Hay que saber diferenciar entre un hombre interesado y un hombre aburrido. No te interesa un hombre aburrido. Créeme.

Pero si llevas un tiempo conociéndolo y estás confundida con respecto a si él está igual de involucrado que tú, te recomiendo que hables con él. Dile para tomar algo y entre risas y conversaciones, dile algo como: «Oye, nos hemos estado conociendo por un rato y quería saber si tú ves esto como una amistad o como algo más». No tengas vergüenza. No tengas miedo. Lo único a lo que tienes que tenerle miedo es a perder tu paz mental y tu tiempo. Si él no está interesado en tener algo más, te lo dirá claramente.

Y si es así, suelta. Ten mucha paz. Deja de comerte la cabeza. Recuerda: si no es para ti, **no hay nada que puedas hacer para mantenerlo en tu vida.** Si es para ti, él no va a querer irse. Va a hacer todo lo posible para quedarse.

Aunque muestre interés por ti, si te dice que no está interesado, significa que no está interesado

Muchas veces, un chico nos ve como buenas amigas y quiere tenernos en su vida, pero eso no significa que te quiera como novia.

Tengo una amiga que le pasaba esto y me decía: «Dice que no está interesado, pero es que está muy ocupado y no se da cuenta de que está enamorado de mí. Cuando estamos juntos me mira como si estuviera enamorado».

No te engañes. Sí, puede que le guste hablar contigo. Sí, quiere seguir siendo amigo tuyo. No, eso no significa que le gustas. Significa que te ve como una amiga y nada más. O puede que sienta atracción hacia ti, pero no le gustas lo suficiente como para tener una relación contigo.

En ambos casos tienes que pasar página y aceptar que este chico no es para ti. Deja de buscar señales donde no las hay. La única señal de que un chico está interesado en ti es el esfuerzo mantenido en el tiempo por tenerte en su vida, que le haga avanzar en el proceso de conocerte de forma romántica.

TRUCO DE ORO: PON TUS LÍMITES Y OBSERVA SU REACCIÓN

Imagínate que acabas de conocer a un chico. Hay química. Te atrae, le atraes. *Cool*. Parece que todo está fluyendo, pero... ¿Cómo sabes si tiene un interés de verdad en conocerte? ¿O si solo está pasando el rato y quiere divertirse? (*if you know what I mean, again.*)

Te quiero contar un pequeño truco que descubrí. Cuando lo apliques, vas a saber instantáneamente si un chico quiere conocerte más, o si solo te ve como un entretenimiento.

El truco es muy sencillo: **pon tus límites y observa su reacción.**

Este truco lo he utilizado muchísimas veces y siempre me ha mostrado las verdaderas intenciones del sexo opuesto. Pero ojo, para aplicarlo antes tienes que saber cuáles son tus límites. Por ejemplo, yo no pienso besar a ningún chico hasta ver que es sincero y que quiere tener algo serio conmigo. No voy a besar a un chico que quiere pasar el rato. Ese es *mi* límite. Tú puedes tener otros, y está bien. De cualquier forma, yo recomiendo tener límites sí o sí al principio de una relación, justamente porque al ponerlos y comunicárselos, puedes ver las verdaderas intenciones del otro hacia ti. No quieres sorpresas a futuro. Te cuento cómo funciona esto:

Imagínate que acabas de conocer a un chico en una fiesta o estás en tu primera cita con él. De repente, se acerca e intenta besarte. Tú no te sientes lista y **le comunicas tus límites**. Le dices, por ejemplo, que quieres conocerlo más antes de hacerlo.

A esto, él puede reaccionar de dos maneras:

a. Lo entiende y quiere respetar tu decisión para que te sientas cómoda.
b. Intenta negociar tus límites: "¿Por qué?" "Yaaaa, no pasa nada", "Ok, entonces solo un beso en el cachete", y mil formas más de

hacer una cosa: no respetar los límites que has marcado.

Si trata de negociar tus límites, es tu señal para descartar a esa persona inmediatamente. No es ningún príncipe encantador.

En todos mis años universitarios y post universitarios, ha coincidido que todos los chicos que cuestionaron mis límites solo estaban interesados en lo físico. Pero todos los chicos que respetaron mi decisión, realmente estaban interesados en conocerme.

Un chico interesado en conocerte no se va a atrever a negociar tus límites porque **tiene miedo a perderte.** Pero un chico que siente que no tiene nada que perder, porque no está interesado, va a utilizar todas sus técnicas de negociación para ver si al menos puede conseguir algo de ti antes de pasar a la siguiente.

Este truco es hermoso, porque tú solamente tienes que poner tu límite y observar su reacción. Tienes todo el poder y él ni se dará cuenta de que **su respuesta lo delata.**

Muchas chicas me han dicho: «Yo no pongo límites en la primera cita, yo me dejo llevar. Si surge,

surge». El problema de esto es que, si no pongo un límite, no puedo ver realmente cuáles son sus intenciones. Y los chicos que solamente quieren pasar el rato no es que vayan a decirte eso desde el primer momento. Sería lo ideal.

Sí, muchas veces yo también quiero besarlos. Pero según mi experiencia, es mejor poner a prueba la paciencia del otro y ver sus verdaderas intenciones antes de dar un paso que pueda hacer que me involucre emocionalmente con alguien que no debería.

De los errores se aprende

Tengo dos historias que explican esto muy bien. Hace poco fui a una boda. En la preboda conocí a un chico. Desde el minuto uno me empezó a coquetear, estuvimos bailando, conversando, y no tardó en preguntar si me podía besar. Ahí puse mi límite. Aunque el chico me parecía muy atractivo, le dije que no, porque no lo conocía lo suficiente. Él me dijo: «¿Y uno chiquito en la mejilla?» (la clásica técnica del cachete). Luego me dijo: «Ok, hoy no, pero en la boda mañana, sí», y así estuvo toda la noche intentando rebasar ese límite que yo había marcado.

Cuando sucedió esto, yo todavía no era consciente de que si un chico negocia tus límites, por más

simpático y bromista que sea al hacerlo, no le
interesas. Antes, veía esa insistencia y pensaba:
«Wow, le gusto muchísimo». Cuando llegó el día
de la boda sí dejé que me besara.

Al día siguiente ni intentó seguir hablando
conmigo. Desapareció.

Este ejemplo es relevante porque, poco después,
tuve otra boda. Y yo ahí ya sabía que, si un hombre
se atreve a negociar tus límites, no le importas ni
un poco, y solo te quiere para algo físico. Entonces
yo iba firme y no iba a dejarme engañar.

En esta boda, había un chico que me pareció muy
guapo desde el momento en que lo vi; llamémoslo
Tomás. En un punto de la noche se me acercó.
Conversamos y bailamos; la estábamos pasando
muy bien. Después de un rato me dijo si quería
salir a conversar.

Salimos y estuvimos hablando hasta que se
acercó para besarme. Yo le dije, con tacto, que
no lo iba a besar porque no lo conocía. Él estaba
avergonzado y me dijo que pensó que yo quería
que me besara. Le dije que me parecía muy
atractivo, le pedí perdón si le había enviado una
señal que no era, y le dije que prefería conocerlo
más antes de besarlo.

Yo en este punto estaba un poco "desencantada" con los hombres. Con la experiencia de la anterior boda, sentía que lo único que les importaba era lo físico y ya estaba esperando la negociación que mencioné antes.

Pero la respuesta de Tomás fue una gran lección y sorpresa: «Wow, me encanta. Me parece muy refrescante. Todas las chicas que conozco se lanzan a los chicos y al siguiente día él desaparece y no lo vuelven a ver». Seguimos hablando un rato de esto entre risas y luego me dijo: «Pero, de verdad, no cambies esto, me parece increíble que tengas tus estándares».

Yo, llegados a ese punto, solo me moría de ganas de besarlo. Pero decidí mantener mi compostura porque sabía que iba a ser lo mejor. Volvimos a entrar, seguimos bailando y hablando. Me despedí de él y me dijo que me iba a añadir a Instagram para seguir en contacto.

Antes de irse, se acercó a mi hermana, que se quedó un rato más en la boda y le dijo: «Dile a tu hermana que pienso que es increíble». Al día siguiente ya me había añadido a Instagram y, cuando lo acepté, me escribió el siguiente mensaje (es un chico inglés):

"Hello Daniela, hope you had a lovely last day at the wedding. I wanted to say it was nice to meet you, I thought you were extremely classy and looked striking on Saturday x".
(Hola Daniela, espero que lo hayas pasado muy bien en la boda. Quería decirte que fue lindo conocerte. Me pareciste una chica muy elegante y te veías increíble el sábado.)

Eh, *hello*? Qué diferente al primer chico.

Al final, seguimos hablando por algunas semanas, aunque finalmente no pasó nada. Pero fue muy refrescante que se comportara como un verdadero caballero y que mis límites no le parecieran algo negativo, **sino todo lo contrario.**

Cuando un chico quiere conocerte, **tus límites no van a ser un impedimento para que él te quiera seguir conociendo.**

Pero ojo. Hace poco hice un TikTok hablando de este tema y se hizo viral. Se lo mostré a mi papá y me dijo: «Tienes que advertirles a las chicas que muchos hombres van a decir que está bien, que respetan sus límites, pero un momento después, cuando la chica baja la guardia, vuelven a intentarlo». Así es, chicas, tomen nota.

4. Puede que esté interesado en ti. Pero... ¿te conviene?

¿Cómo saber si deberías darle una oportunidad a un chico?

Te voy a contar una historia que mis amigos de la universidad nunca me van a dejar olvidar: la vez que me enamoré de un chico que no me convenía en absoluto. Este tendrá de nombre: Juan.

Estaba en mi semestre de intercambio en Estados Unidos y dentro de mi grupo de amigos estaba Juan.

Al principio no pensé que me pudiera interesar, pero pronto descubrí que era un tipo muy divertido. Cuando estaba con él, no paraba de reírme, y en poco tiempo me enamoré locamente (aunque en ese momento solo éramos amigos).

Dejé de lado algunos factores importantes, como por ejemplo el hecho de que Juan se emborrachaba casi todos los días, fumaba marihuana, no tenía las mismas creencias que yo y, la cereza del pastel, se acostaba con todo lo que se movía. Pero ahí estaba yo: loca y perdidamente enamorada de él.

Mientras con Juan éramos amigos (yo estando enamorada), yo sufría muchísimo cada vez que salíamos y él se iba con otra chica. Pero, al mismo tiempo, era coqueto conmigo, entonces no tenía idea de qué me convenía hacer.

No sé cómo sucedió, pero empezó a haber algo entre nosotros. "¡Finalmente!", pensé, ilusa. Salimos en algunas citas y yo veía que él no era para mí porque éramos completamente distintos, pero simplemente no podía dejarlo ir. Me gustaba demasiado.

Al final pasó lo que tenía que pasar. Él perdió el interés (gracias a Dios) y se fue con la siguiente chica. Yo estaba destrozada. Todos mis amigos no podían creer que estuviera sufriendo tanto por un chico que claramente no era para mí. Yo sabía esto desde el comienzo, pero así y todo me costó un buen tiempo superarlo porque estaba muy enamorada.

Hablo de Juan porque es el ejemplo más grande de por qué es importante analizar si un chico te conviene o no.

Miro atrás y pienso en la mayoría de relaciones o "casi relaciones" que he tenido y wow. Si hubiera **pensado un poquito si el chico me conviene o no**, me hubiera ahorrado un montón de sufrimiento.

Claro que antes yo no pensaba mucho si me convenía o no alguien, porque para mí lo importante era la química que pudiera haber entre nosotros. Grave error.

En el podcast "Encuentra a tu persona vitamina", la reconocida psiquiatra Marian Rojas propone el siguiente orden antes de entrar en una relación amorosa:

1. Hay una chispa con alguien.
2. Reflexiona si esa persona es buena para ti o no.
3. Te enamoras.

Como ven en mi historia anterior, claramente yo hacía un salto olímpico del punto 1 al 3. De la chispa al enamoramiento. Imagínense lo peligroso que era esto.

Ahora aprendí: duda del chispazo. Antes de decidir "alimentar" una relación y seguir conociendo a alguien, métele cabeza al asunto. Puedes tener en cuenta algunos puntos como:

—¿Saca la mejor versión de ti?

—¿Busca compromiso o solo quiere pasar el rato contigo?

—¿Es constante su interés por conocerte o sientes que eres su segundo plato?

—¿Cómo te sientes cuando estás con él?

—¿Se interesa por ti?

—¿Es amable con todas las personas?

—¿Tiene un estilo de vida sano?

—¿Comparten los mismos valores?

—¿Quieren las mismas cosas en la vida?

—¿Es alguien trabajador, con iniciativa y con ganas de superación?

—¿Es maduro o crees que podría ser alguien tóxico dentro de una relación?

Solo porque un chico está interesado en ti o tú en él, no significa que deberían estar juntos. Una relación tiene que acercarte a ser la mejor versión de ti misma. Sé que no es lo más romántico que hay, pero antes de involucrarte románticamente con alguien: cabeza fría y piensa.

Si hubiera aplicado este consejo, me hubiera ahorrado mucho tiempo y dolor.

¿Cómo aplicar esto en tu día a día? Imagínate que acabas de conocer a un chico. El chico te gusta, pero te enteras de que tiene novia.

Un día ese chico te escribe y te empieza a dar conversación. Tu corazón te dice que sí, tu cabeza te dice que no. Como te sientes atraída, si siguieras hablando, poco a poco te enamorarías. Pero él no está disponible, y probablemente no busca algo serio contigo. Utilizar tu inteligencia en este caso significa dejar de responderle cuanto antes, para que esa atracción no se convierta en enamoramiento.

5. *Love bombing.* Cuidado

Hay un tipo de hombre con el que tienes que tener muchísimo cuidado. Aquí te explico por qué con una anécdota que me pasó recientemente:

Escena 1: un chico que conocí hace poco se presenta en mi oficina y me pide salir en una cita. Pienso: «Woww, qué valiente. Solo por eso, se merece una oportunidad». Ese sábado salgo con él, hay buena conversación, pero simplemente no me gusta. Él tampoco me escribe en los siguientes días y me siento aliviada de que sea algo mutuo.

Escena 2: el viernes siguiente me escribe y me pregunta si estoy en la oficina. Me dice que está por la zona y que va a venir a verme. Casi era la hora de la salida, entonces le digo que espere mientras termino. Cuando salgo para encontrarme con él, veo que trajo un ramo de rosas. Pienso: «Wow, que detalle». Además, me invita a cenar el sábado.

Escena 3: al día siguiente salimos a cenar y me pregunta si me quiero casar y tener hijos. Toma un video del restaurante en el que aparezco y lo sube a su Instagram. Me agarra la mano caminando por la calle, aunque yo se la suelto y le digo que es un poco pronto. Al llegar a la puerta de mi casa me intenta besar, le digo de nuevo que es muy pronto, se queda en *shock*, pero lo acepta. En los siguientes días me escribe mensajes como: «Te extraño», «Quiero abrazarte» ... Incluso me invita a la boda de su hermana que sería en unos meses y me dice que tengo que ir como su acompañante. (Lo había visto 3 veces en mi vida). Además, me dice cosas súper "románticas", como que somos almas gemelas, que nuestra historia ya está escrita y tonterías así...

Muchas veces esto nos hace sentir halagadas, pero hoy yo sé que esto es una técnica de manipulación.

¿Te suena el documental *The Tinder Swindler*? *Love bombing* es la técnica que usaba el estafador de Tinder para conseguir que las chicas se enamoraran de él.

Conozco a varias amigas que les ha pasado lo mismo. Aquí algunas señales de que te están haciendo *Love Bombing*:

— Te hace regalos desproporcionados.
— Te dice prácticamente que eres el amor de su vida.

— Ya habla de un futuro contigo sin siquiera conocerte bien.

— Se pone en papel de tu "salvador".

— Quiere hablar contigo y verte todo el tiempo. Todo. El. Tiempo.

No todas estas cosas se aplican a la vez necesariamente. Cuando alguien te haga *Love Bombing* te vas a estar preguntando: «¿Cómo es posible que esté enamorado en tan poco tiempo?». Y es una pregunta muy válida, porque estas señales de que está enamorado de ti se van a mostrar después de 1 o 2 semanas de conocerte. Apenas te conoce y ya casi te dice que te ama.

¿Cuál es el peligro de esto? Que es falso. El que hace *Love Bombing* intenta enamorarte para conseguir algo, pero una vez lo consigue, desaparece de la faz de la tierra. Yo nunca llegué a enamorarme gracias a que me fui cuando tenía que irme y por eso salí "ilesa" de este tipo de manipulación.

Aquí te voy a sugerir que escuches a tu *gut feeling*. Cuando un chico te esté haciendo *Love Bombing*, todo lo que haga se va a sentir falso, forzado, y será sospechosamente exagerado. Y todos sus gestos de conquista van a estar dirigidos a **forzar que tú desarrolles sentimientos por él**. Suelen ser chicos encantadores que saben cómo seducir, así que muchas veces consiguen lo que quieren.

Eres una presa fácil para este tipo de hombres si buscas desesperadamente el afecto y atención de un chico. Así que es demasiado importante que trabajes diariamente en tu autoestima para que este tipo de chicos no te engañe.

6. Qué pasa cuando un chico es la fuente de nuestra felicidad

Ojalá alguien me hubiera dicho esto cuando tenía 15 años: un chico no puede ni debe ser la fuente de tu felicidad.

Les voy a contar un capítulo trágico de mi vida:

Yo siempre he sido una romántica. Antes esperaba al día que encuentre a mi "príncipe azul" y pensaba que, cuando llegase, sería realmente feliz.

Cuando estaba en la universidad, empecé a conocer a un chico. Él se moría por mí y poco a poco se fue ganando mi corazón. Yo estaba muy emocionada, porque mi anterior relación fue tóxica y este chico parecía muy diferente a mi anterior novio, así que... YAY! ¿Tal vez él podría ser *the one*?

Fuimos conociéndonos y todo comenzó a fluir. Lo veía siempre que podía y empezamos a pasar muchísimo tiempo juntos. También hacía cosas con mis amigos en grupo y siempre lo invitaba.

En esa época yo estaba un poco triste porque mis mejores amigas se habían ido de Pamplona (la ciudad donde estudié mi carrera) y a mí me tocaba encontrar de nuevo un grupo de amigas con el que me sintiera cómoda y feliz. Todavía no las encontraba, pero mientras estuve con mi novio, ese no era un problema porque hacía planes constantemente con él.

Y así pasaron algunos meses. Cuando no estaba con él, lo extrañaba, pero en el fondo sentía tranquilidad porque había encontrado a "mi persona". En otras palabras, todo mi sentimiento de seguridad venía de saber que estaba con él.

Hasta que un día cortamos.

Después de 6 meses de noviazgo intenso y sin ninguna explicación "válida", me terminó a distancia y por WhatsApp (la calidad y la valentía de las personas se ven muy bien en el momento de terminar una relación, por eso hay una manera mucho más humana de cortar, pero de eso hablaremos en otro capítulo).

Yo estaba destrozada. Nunca había tenido el corazón tan roto como en ese momento, pero tampoco nunca había puesto mi felicidad en una persona de forma tan radical. Y ese fue mi problema.

Las películas románticas y las canciones de amor siempre te hacen pensar que cuando llegue "la persona", será la fuente de tu felicidad. **Y yo así lo vivía. Pensando que toda mi felicidad dependería del "amor de mi vida".**

Esa es una idea que nos hace muchísimo daño, porque nos dice: "Ey, si quieres ser feliz, necesitas que alguien más te haga feliz, porque tú no eres capaz de ser feliz sola".

¿Qué pasó después? Estuve 1 año y medio intentando olvidar una relación de 6 meses. (En otro capítulo hablaremos de cómo superar un corazón roto para que no les pase lo que a mí me pasó. Cometí muchos errores en el proceso que quiero compartir con ustedes para que no les pase lo mismo).

Pero no solo no lo olvidaba. Me sentía **completamente perdida.** Había basado todo mi sentimiento de felicidad, tranquilidad e identidad en una persona y en el momento que se fue, ya no sabía **cómo ser feliz.**

No me motivaba nada. No veía el sentido de nada. Me sentía en una nebulosa y no sabía a qué podía aferrarme.

Ahora, quiero que pienses en lo frágil que es cualquier relación con un chico. Es algo extremadamente frágil. ¿De verdad quieres poner tu felicidad en algo así? «Ok, Daniela, ¿pero si es mi esposo? ¿Puedo poner mi felicidad en el hombre que ha prometido estar ahí por el resto de su vida?». La respuesta sigue siendo la misma: no. Ni en tu novio, ni en tu esposo, ¡ni en nadie que no seas tú!

Cuando tengas novio/te cases: ¿vas a estar todo el día con tu esposo? ¿Van a poder hablar todo el día? ¿Van a estar todos los días de súper buen humor y súper enamorados? No.

Seguro van a tener días mejores y peores. ¿Qué pasa si tienen una mala racha? (como muchas relaciones las tienen) ¿Tu estabilidad emocional va a depender de si tu pareja se levanta de buen humor y cariñoso el día de hoy?

¿Ves cómo no es realista que nuestra felicidad y estabilidad emocional dependan de una persona? Pensar así es poner tu felicidad en las manos de alguien más. Y definitivamente no es la responsabilidad de nadie hacerte feliz.

Mi psicólogo me lo explicó de una forma tan sencilla que me hizo entenderlo: tu pareja tiene que ser como unos pendientes/aretes. Son un complemento en tu día a día, te hacen ver mejor, te realzan. Pero si no están, no pasa nada. Puedes estar sin pendientes y seguir estando bien.

Una pareja puede y debería aumentar esa felicidad. Sí. Aumentar. Pero no ser la base sobre la cuál fundamentas tu existencia.

Si una persona es la base de tu felicidad (como yo lo he vivido en varias ocasiones), te adelanto que no la vas a pasar bien, porque es imposible que una persona llene todas tus necesidades emocionales todo el tiempo, necesidades que solo tú deberías ser capaz de llenar.

Les prometo que no hay mejor cosa que tomar las riendas y construir una vida que te haga feliz (dejando al romance de lado). La vida es TAN bella, pero muchas veces pensamos que no podemos ser realmente felices hasta que llegue el "amor de nuestra vida", y te digo que eso no es verdad.

Aquí viene el reto: enamorarte de tu vida. ¿Cómo puedes tener una vida feliz estando soltera? Aquí te dejo algunas cosas prácticas que me sirvieron a mí:

— Primero, trabaja en conocerte. Si ves difícil ser plenamente feliz sin que haya un chico en tu vida, si te sueles sentir sola, si no te sientes del todo feliz, te entiendo. Yo era así. Te recomiendo 100 % ir al psicólogo. Un buen psicólogo. Ojalá alguien me hubiera recomendado esto antes. Literalmente todo mi crecimiento personal y la razón por la que hoy me siento libre y feliz, es porque fui al psicólogo y trabajé todos los frentes por los que cojeaba que evitaban que yo viviera plena y tranquila (hablaremos de esto más adelante también).

— Haz deporte regularmente.

— Encuentra eso que amas hacer. Puede ser en el trabajo o puede ser un *hobby*, pero ten un tiempo en la semana para dedicarte a hacer lo que amas. Algo que sea solamente tuyo.

— Rodéate de gente que te haga crecer, con la que te sientes feliz y tranquila. Si no tienes ese grupo, no te preocupes, busca y lo encontrarás. Yo cambié de amigos en mi proceso de crecimiento personal, y está bien. Ten cerca a las personas que quieres y te quieren de verdad.

— Reza/medita diariamente.

7. La presión social y la necesidad de tener un novio

Cuando tenía 18 años decía que a los 25 años me gustaría estar casada. Cuando tenía 25 años estaba soltera y ansiosa porque "mi edad" para encontrar a alguien se estaba pasando.

Hoy, con casi 28 años, me río y solo digo: «Gracias a Dios que no me casé a los 25 años». Estaba demasiado necesitada de encontrar al "amor de mi vida". Y todo lo que viene por necesidad, no es bueno.

Muchas veces queremos tener novio porque ya es "la edad", o porque todas nuestras amigas tienen pareja. Nos generamos una presión innecesaria y sentimos que nos estamos quedando atrás si para los X años no estamos casadas y con hijos.

Una vez estaba hablando con una amiga y le pregunté por el chico que estaba conociendo. Me dijo:

— Mmmmmm, no lo sé, la verdad no estoy segura si me gusta. Él me quiere seguir viendo, pero por suerte está fuera de la ciudad, entonces eso me da tiempo para decidir qué quiero hacer.

— Si estás pensando así, ya es mala señal. No te gusta. ¿Por qué seguir conociéndolo si ya sabes que no te gusta?

— Es que es un chico muy bueno y, siendo realista, a mi edad ya no me queda más gente por conocer. Esto es lo que me toca.

Cuando me dijo eso me quedé en *shock*. Qué falta de esperanza. ¡Mi amiga ni siquiera había cumplido 30 años y ya pensaba que nunca conocería a un chico que le guste de verdad! ¡Estaba eligiendo conformarse!

Conozco muchas chicas que han encontrado al amor de su vida a los 30, 33, 35, 37 años. Si vas por la vida con la mentalidad de "bueno, esto es lo que me toca porque ya es tarde para mí", estás mal. Porque vas con una mentalidad de necesidad. «Más vale que la cosa vaya bien con él, porque si no, ya no voy a encontrar a nadie».

Todo lo contrario. Deberías pensar: «Si no es él, es alguien mejor que él». Cuando tienes esta mentalidad, no toleras ningún tipo de mierda en una relación. ¿Un chico me falta el respeto? Adiós.

¿Un chico no trata nuestra relación como una prioridad? Hasta nunca.

Si vas con la mentalidad de "ya no voy a encontrar a nadie", empiezas a tolerar cualquier cosa en una relación, porque más te vale aguantar, porque es lo único que tienes. Créeme porque yo antes vivía mis relaciones así, y no tienes idea de la cantidad de cosas que dejé pasar por miedo a perder a un chico que ni siquiera me merecía en primer lugar.

El pensamiento: «Quiero tener novio»

Muchas veces he dicho esto y he escuchado a más chicas decirlo y les quiero contar qué problemas trae esta mentalidad.

Desear encontrar el amor es algo natural y bueno. Pero, en mi experiencia, si estoy a full con cosas que me gustan, vivo apasionadamente y siento que tengo un propósito que me motiva, tener novio se vuelve en algo secundario. Si tengo novio, bien. Sino, también.

¿Cuándo se ha vuelto increíblemente importante si tengo un novio o no? Cuando no tengo nada que me emocione o me motive en mi vida.

¿Querer novio y pensar mucho en eso está mal? No. No está mal. Pero, en mi experiencia, esto es simplemente una **señal de que te falta enfocar tu vida en algo que te apasione.**

Los chicos son la opción "fácil" para llenar ese vacío o ese aburrimiento existencial. Pero deberías preguntarte si es la solución real o si se trata de una **distracción.** Cuando se pase la novedad y emoción de la relación, ese aburrimiento existencial va a volver. ¿Y qué vas a hacer entonces?

Te lo digo por experiencia: una relación, por más buena que sea, nunca te va a hacer 100 % feliz. Es importante encontrar el balance y la ilusión fuera de ella, para que, cuando llegue el "amor de tu vida", puedas estar en una relación sana que te haga más feliz de lo que ya eres.

8. *Redflags*: cómo saber si tienes que cortar con él

Esta reflexión es dura, pero necesaria. Cuando tienes que terminar una relación, lo sabes, pero muchas veces cuesta aceptarlo.

Te voy a contar algo. Este capítulo es especialmente importante para mí, porque yo viví una relación tóxica con un chico hace años. Mi primer novio. Y no podía ni quería terminarla. Estuve 11 meses con él. Todas las personas a mi alrededor me decían: «¿Qué esperas para cortar con él?». Simplemente no podía. ¿Por qué?

1. Es cómodo seguir.
2. Te sigue gustando esa persona.
3. Qué pereza volver a empezar desde cero.
4. "Hemos pasado por tanto. Romper sería como tirarlo todo a la basura".

Y adivina qué. Ninguno de esos motivos es suficientemente válido cómo para seguir con una relación. Sin embargo, yo seguía.

Y no fue hasta leer un libro que se llama *How to find your soulmate without losing your soul* que me armé de valor para terminar la relación. Uno de los últimos capítulos del libro se llama: "Break up even if he smells good". Después de leerlo dije: ok... *let's do this.*

Mi esperanza es que, si estás en una relación que no es la correcta para ti, después de leer este capítulo te armes de valor para tomar una de las decisiones más importantes de tu vida: terminar una relación que no te hace bien. Porque dejar algo que es malo para ti, te va a dar la posibilidad de encontrar lo tuyo, y no vas a poder hacerlo si te anclas a eso que te hace daño (o simplemente que no te hace bien).

¿CÓMO SABER QUE TIENES QUE TERMINAR UNA RELACIÓN?

1. No buscan lo mismo

Esta es fácil de identificar. ¿Tú te quieres casar, pero él no quiere? ¿Tú quieres tener hijos, pero él no quiere? (o al revés) ¿Tienen ideas u objetivos importantes opuestos sobre cómo les gustaría que fuera su vida? ¿Tienen ideales distintos?

Hay que recordar qué es el noviazgo. El noviazgo es un periodo de tiempo en el que tienes que conocer a la persona para ver si te gustaría pasar el resto de tu vida con ella. Sí, es bonito. Sí, te tienes que divertir y pasarla bien, pero el concepto es ese.

Si él y tú no concuerdan en las cosas importantes, eso ya es señal de que tienes que terminar con la relación.

2. Si tuvieras una hija, ¿te gustaría que estuviera con un chico como él?

Si tu respuesta es no, entonces ya sabes lo que tienes que hacer. Muchas veces somos excelentes dando consejos a otros, pero nosotros mismos no sabemos tomar buenas decisiones. O no nos lo permitimos. Si no te gustaría que tu hija o tu hermana salga con un chico como él, ¿por qué te harías ese daño a ti siendo consciente de que es algo nocivo?

3. No está esforzándose en la relación (o tú no lo estás haciendo)

Cuando estás en una relación, ambos deberían sentirse afortunados de estar con la otra persona. No lo ves como una carga, sino como un privilegio. Si él no te dedica tiempo, si siempre encuentra algo mejor que hacer en vez de estar contigo, si te cancela planes constantemente porque hay cosas mejor que hacer que estar contigo.... Mala señal.

Tú no necesitas mendigar amor. Si alguien no quiere estar contigo, que no esté. Deja de perder tu tiempo.

4. Es tóxico (controlador, celoso en exceso, manipulador...)

Esta es difícil de ver porque se confunde con "amor" muchas veces. Usualmente, las personas tóxicas son personas profundamente inseguras y poseen carencias afectivas muy grandes. Tú eres su única fuente de felicidad. Y eso no es sano.

El doctor Carlos Chiclana también describe una persona tóxica de la siguiente manera:

> La forma de presentarse de estas personas puede incluir una o varias de estas lindezas: desahogan su tristeza y sus males en ti, desprecian, se quejan, son pesimistas, actúan en un papel de víctima, ponen a las personas en su contra, se centran en lo negativo, no escuchan tus cosas, no son agradecidos, te

hacen sentir culpable, señalan tus defectos, critican constantemente, emiten juicios sin cesar y condenan, no tienen en cuenta tus sentimientos o si los tienen en cuenta es para hacerte daño.

Además chantajean emocionalmente, manipulan, te hacen sentir en deuda o culpable, procuran hacerte dudar con inseguridad, traspasan los límites, se quejan, no asumen su responsabilidad, no quieren cambiar y te sacan de quicio.

Usualmente, en una relación tóxica, la persona tóxica intentará usar la culpa para hacerte sentir mal. Por ejemplo: es muy diferente tener una discusión en una relación sana, que en una relación tóxica. En una relación tóxica, la otra persona intenta hacerte sentir mal constantemente. La culpa está muy presente. Y mientras discutes con ella, te sientes mal, culpable y triste.

En cambio, cuando tienes una discusión dentro de una relación sana, el cariño está presente y no se usa la culpa. Los dos están intentando llegar a un punto en común y no es necesario usar la manipulación. Y, aunque estén discutiendo, no te sientes angustiada. (Si el chico no es un chico tóxico, pero te sientes angustiada, tal vez seas tú la que está teniendo un comportamiento tóxico.

A mí me pasó. Muchas veces nos angustiamos por nuestras propias carencias. En este caso, te recomiendo ir al psicólogo. Me ayudó muchísimo.)

5. Si pudieras volver al pasado sabiendo todo lo que sabes de esta persona, ¿volverías a empezar una relación?

Conociendo todos los defectos de tu pareja, ¿volverías a empezar con la relación si tuvieras la oportunidad de volver al pasado?

Cuando empezamos una relación, todo es de color rosa, pero mientras va pasando el tiempo, empiezas a conocer verdaderamente a la persona y te empiezas a dar cuenta de sus defectos. Todos tenemos defectos, sí. Pero hay defectos más graves que otros.

¿Si hubieras conocido todos sus defectos desde el principio de la relación, te hubieras metido ahí? Haz una balanza entre las cosas buenas y malas. Si la respuesta es un no rotundo, es hora de decir adiós.

6. No te ayuda a ser la mejor versión de ti misma

¿Por qué quieres tener pareja? Por mucho tiempo, mi respuesta a esta pregunta era: «Porque quiero sentirme querida, porque quiero sentirme valiosa, porque quiero a alguien con quien me pueda divertir».

Y sí, todas esas cosas son importantes y necesarias. Pero cuando tienes una **autoestima sana**, te sientes querida, valiosa y completa sin necesidad de que haya un hombre en tu vida. Además, no necesitas a nadie que te entretenga. Tu vida se transforma en algo increíble porque empiezas a hacerte responsable de tu felicidad.

Si no te sientes así, esta es una señal MUY fuerte para que vayas y empieces a trabajar en ti misma (con ayuda de un buen psicólogo, por favor).

Entonces, ¿por qué quiero una pareja? Hace poco llegué a la conclusión de que una pareja tiene que complementarme. Está bien que me atraiga, que me quiera y me divierta con él. Pero eso lo puedo hacer casi con cualquiera. Un punto clave que siempre pasaba por alto en mis anteriores relaciones, es que mi pareja debe ayudarme a convertirme en la mejor versión de mí misma.

La vida es un camino en el que crecemos y mejoramos constantemente (o deberíamos, al menos), y si la pareja con la que estoy no me ayuda a sacar la mejor versión de mí misma, entonces definitivamente no tiene que estar en mi vida.

7. Quieres que cambie

Cuando entré en la adolescencia y empecé a estar interesada en los chicos, este fue el primer error que cometí.

A las mujeres nos encanta ver el **potencial** de los chicos y no lo que realmente son. Nos encanta ver a un chico que le va "mal" en algún aspecto de su vida y sentir que podemos ser su "salvadora", porque con nuestra ayuda seguramente él "va a cambiar".

Spoiler. Un chico no va a cambiar por ti. Así que ahórrate tus esfuerzos o empieza un voluntariado con una fundación donde sí puedas ayudar a los necesitados.

Si un chico necesita cambiar, lo va a ser por él mismo y no porque tú lo ayudes. Probablemente le vaya a tomar años para madurar y cambiar (si es que cambia).

Si tiene un comportamiento que no es sano e intentas cortar con él, pero te pide perdón y te dice que va a cambiar, créeme: no va a cambiar.

Tengo una amiga que estuvo 4 años en una relación tóxica. Cortaban, volvían, cortaban, volvían. Cuando volvían, todo era hermoso y maravilloso por un tiempo. De repente, regresaba el comportamiento tóxico, ella la pasaba mal y cortaban. Después de un tiempo, él volvía, le pedía perdón y decía que todo iba a cambiar. Como ella lo extrañaba, entonces volvían. Y el ciclo se repitió por 4 años.

En mi caso fue así, pero solo estuve 11 meses con ese chico (gracias a Dios). Al segundo mes intenté cortar con él, pero me juró que iba a cambiar. Y así, entre juramento y juramento de cambio, estuvimos 11 meses.

Una muy buena forma de identificar si estás en una relación tóxica, es si tu familia y tus amigos en vez de mostrarse felices por ti, se muestran preocupados. Hazles caso. Como ellos están fuera de la relación, pueden ver claramente cuando un comportamiento no es sano.

8. Tú no estás segura de la relación

If it's not a hell yes, then it's a hell no. Así de simple. Si llevas un tiempo de novia con este chico y todavía tienes muchas dudas, por ahí no es. Cuando quieres estar con alguien, no lo dudas. Muchas veces estar con alguien es cómodo y entretenido. Pero tienes que darte cuenta de que, si dudas demasiado, hay algo que tu intuición

te está queriendo decir. "¡Pero si es perfecto!".
Entonces, ¿por qué dudas tanto? Ajá.

Estás perdiendo el tiempo y le estás haciendo
perder el tiempo a él.

9. *Él no está seguro de la relación*

Esto es algo que aprendí muy temprano, gracias
a Dios. El minuto en que un chico se empieza
a distanciar y me dice que no está seguro de si
deberíamos estar juntos o no, ahí se acabó todo. Y
siempre digo lo mismo: "Si tú no estás seguro de
que quieres estar conmigo, yo estoy segura de que
no quiero estar contigo".

En este libro espero que entiendas que, cuando
un hombre quiere estar contigo, no lo va a dudar.
Simplemente lo sabe. Si lo duda, es que está
cómodo, pero no necesariamente te ve como algo
a largo plazo. Lo mejor es cortarlo de inmediato.

Pero «¿y si lo intentamos un poco más para ver si
cambia de opinión?». En el capítulo "No le pidas
a nadie que se quede en tu vida" hablaremos más
de esto, pero quiero volver a mencionar la frase de
Brianna Wiest, que creo que está llena de sabiduría:

*«There is nothing that you can do to win someone
or something that is not meant to be yours».*

9. ¿Te gusta o quieres que te guste?

Muchas cosas malas pueden pasar si crees que es "tu momento" para tener una relación seria... Aquí les va otra historia en la que la urgencia me nubló la vista:

De nuevo, a los 24 años pensé: «Todos a mi alrededor tienen a alguien, ¿por qué yo no? ¿Será que soy muy *picky*?».

De repente, apareció en mi vida un chico increíble, llamémosle Pepe. Era amable, educado, inteligente, trabajador, me trataba como a una reina y a mi familia y amigos les encantaba.

Solo había un problema: no me gustaba Pepe.

Pero pensé: «Pfff, bueno, eso del enamoramiento o atracción física está sobrevalorado. Eso del "chispazo" seguro solo pasa pocas veces, y seguro no lo volveré a sentir. Ahora toca experimentar el "amor maduro". Además, el chispazo y el enamoramiento desaparecen con el tiempo y lo que queda realmente es la persona, ¿no?».

Entonces me lancé. Aposté por ese chico. Pero a pesar de que había salido ya varias veces con él... seguía sin sentir nada. No me gustaba. O sea, me caía bien y le estaba empezando a tener cariño, pero no me gustaba-gustaba. Podía decirse que lo encontraba atractivo, pero no es que me moría por él.

Me comía la cabeza pensando: «¿Será que esto es el amor maduro? ¿Algo más sereno y que no produzca emociones fuertes en ti?».

Al mismo tiempo me sentía presionada, porque él se moría por mí. Me angustiaba el sentimiento de estar "engañándolo" sabiendo que le estaba haciendo perder el tiempo. Pero a la vez no quería dejarlo ir, porque era un chico ideal y sentía que más adelante podría enamorarme de él y ver que él era el amor de mi vida.

¿Pero cuánto tiempo más podía dejar pasar? ¿Qué pasaba si nunca me sentía tan enamorada de él como él lo estaba de mí?

Cuando estábamos Pepe y yo juntos la pasábamos muy bien y no tenía dudas de ello, pero cuando no estábamos juntos, no paraba de darle vuelta a ese tema en mi cabeza: "¿Debería estar con él o no?".

Spoiler: me di cuenta de que estaba forzando algo que no era y, después de 4 meses, lo dejamos. **Esta situación es más común de lo que parece.** Tengo varias amigas a las que también les ha pasado, y tengo un amigo que llegó a estar tres años con una chica por la que no sentía nada romántico, pero le tenía cariño e intentó enamorarse de ella. Querían que les gustase esa persona. Querían que esas personas fueran *the one*.

Claramente no fueron.

Yo te voy a aconsejar que escuches a tu corazón. **Si te estás preguntando tanto si deberías estar con él o no, probablemente la respuesta sea negativa.** Cuando alguien te gusta realmente, no te cuestionas si te gusta o no. Solo sabes que quieres estar con esa persona y punto.

Que te guste la persona SÍ es importante, no significa que seas superficial. Esto no se trata de belleza física, porque alguien puede ser muy guapo y no gustarte, así como puede ser feo y volverte loca. Lo importante es que a ti te guste, que te atraiga, que desees a esa persona. Y si no te gusta y no lo tienes claro después de unas cuantas veces de verlo, probablemente no te vaya a gustar nunca (toma a mi amigo como ejemplo que estuvo con su novia por 3 años).

Otra cosa distinta es que sean amigos y suelan coincidir en planes grupales y que con el tiempo surja el amor. Pero eso es diferente, porque surgió de forma espontánea sin buscarlo. Ni tú ni él tenían expectativas y ninguno de los dos está esperando algo que no va a suceder de la otra persona.

En cambio, si están teniendo citas, tú ya sabes las intenciones que él tiene contigo. Tú probablemente le gustes. Y si a ti no te gusta, pero sigues yendo a esas citas, probablemente él se vaya a enamorar de ti. Entonces, por el bien de la otra persona (y para no desperdiciar el tiempo de ambos), hay que ser prudentes y saber cuándo ha pasado el suficiente tiempo para saber si te gusta o no.

Personalmente, si no lo veo claro con un chico, yo suelo quedar máximo 2 veces con él. Si después de dos citas no me gusta, no sigo forzándolo. «Qué rápido», podrás pensar, pero antes dejaba pasar mucho más tiempo y lo único que conseguí fue romper el corazón de varios chicos. Y lo peor es que yo también sufría mucho cuando cortaba la relación, porque ya me había encariñado después de haber pasado tanto tiempo con ellos.

Recientemente me pasó esto con un chico excelente. Se notaba que le gustaba mucho y me daba pena no poder corresponderle. Sabía que le hacía más mal que bien dándole falsas esperanzas al seguir hablando con él, así que dejamos de vernos y, unos meses después, él conoció a una chica increíble y ahora los dos son novios y están enamoradísimos. ¡Créeme que le estás haciendo un bien!

Entonces, hazte un favor a ti y a él. Si ves que no te gusta, por más buen chico que sea, déjalo ir. Merece lo que también mereces tú: alguien que realmente guste de él y lo quiera.

10. ¿Cómo cortar con él sin ser una imbécil?

A nadie le gusta acabar una relación. Sea tu decisión o no, va a doler. Así que, si vas a terminar con alguien, asegúrate de hacerlo de tal forma que causes el menor daño posible.

Dejar las cosas bien con alguien es más sencillo de lo que uno cree. Mucha gente intenta hacerlo bien, pero intentar no basta. Así que aquí les voy a dejar unos consejos básicos para terminar una relación romántica sin ser una imbécil.

1. No lo hagas a través de WhatsApp

Podría parecer que no hace falta decir esto, pero créeme, hay gente que lo hace. Lo mejor es hacerlo cara a cara. Entiendo que hay veces que esto es imposible por temas de distancia, pero, en ese caso, al menos hay que hacerlo a través de una llamada telefónica. Hacerlo por WhatsApp es una total falta de respeto hacia la otra persona.

2. Ten una conversación

Verle en persona no es suficiente. Recuerdo el caso de una pareja que mantenía una relación a distancia. El chico se presentó en la ciudad donde estaba ella (bien) y termina la relación sin siquiera tener una conversación (mal). Básicamente le dijo: «Terminamos» y se fue. *Not cool.*

Sobre todo, si estamos hablando de relaciones que han durado varios meses. Es necesario hablar las cosas, ser sinceros y no terminar la relación repentinamente sin tener en cuenta los sentimientos del otro.

Cortar nunca es una experiencia bonita, pero si se hace bien, de forma sana, por lo menos puedes guardar un buen recuerdo de la persona.

Nunca voy a olvidar la historia que me contó una amiga. Había estado quedando con un chico por más o menos un mes. Parece que después del mes, el chico tenía claro que la relación no iba para más. En este punto, lo que la mayoría de los chicos hubieran hecho era dejar de responder sus mensajes o responder de forma muy fría. Lo que este chico hizo fue ir hasta la casa de mi amiga (no vivían muy cerca que digamos), le dijo que él creía que era una chica increíble, pero no estaba seguro de que fueran el uno para el otro.

Fue directo y sincero con ella. Doloroso, sí. Pero al mismo tiempo demostró que realmente respetaba a mi amiga y le tenía cariño.

3. El lugar importa

Si vas a cortar con alguien, asegúrate de que sea en un lugar tranquilo para que puedan tener una buena conversación (a menos que estés en una relación tóxica, en ese caso, hazlo en un lugar donde haya personas alrededor por si el otro se pone violento). Sobre todo, no cortes con alguien al frente de su familia o amigos, o en un lugar donde haya personas de su círculo social. ¿Por qué? Porque será incómodo y humillante para ambos, pero más para el otro.

4. No des falsas ilusiones

Algunos, para no lastimar a la otra persona, les hacen creer que tienen que terminar ahora por X, pero que en el futuro hay una oportunidad de que vuelvan a estar (cuando saben de antemano que no es así).

Piensan que están amortiguando el golpe de la ruptura, pero en realidad están extendiendo el dolor de la otra persona, porque no va a poder asumir que la relación terminó para siempre. En vez de eso, se quedará esperando pacientemente al día que decidas volver (que probablemente no va a pasar porque al mes de cortar ya conociste a alguien).

5. Corta la comunicación

Muchas personas, al cortar, se dan cuenta de que extrañan a su ex, pero al mismo tiempo no quieren estar con él. Entonces, están en un limbo en el que se escriben y mantienen contacto. Son "buenos amigos".

Bullshit. Eso es lo peor que le puedes hacer a la otra persona. Le estás dando indirectamente falsas ilusiones de que pueden volver. Si decides cortar, aléjate. No le escribas, no le des *likes* ni comentes en sus fotos (solo vas a confundir al otro). Y si esa persona te escribe, contéstale, pero no des pie a que la conversación dure mucho.

Si sigues manteniendo el contacto, estás amortiguando el dolor de la ruptura, sí, por ahora, pero harás que la otra persona sufra por más tiempo y que su golpe sea más fuerte al final.

Como ven, es simple. Se trata de tener un poco de calidad humana. Puedes terminar la relación como te plazca, manteniendo respeto y siendo sincera para que el duelo sea lo menos doloroso posible para ambos.

11. ¿Cómo superar un corazón roto?

Tema importante. Muchas veces nos enamoramos de gente buena, pero simplemente no funciona. Y eso duele. Sobre todo, si estabas enamorada y él es el que decide que ya no quiere seguir adelante con la relación.

Es una situación de mierda. Pero te prometo que todo es para bien. Si sabes cómo superar a un chico, el proceso de sanación va a ser corto. Si cometes los errores que yo cometí en su día, el proceso de superar a alguien puede ser tan largo como tú lo dejes ser (en mi caso, llegó a ser casi dos años).

En mi experiencia, para recuperarte de un corazón roto hay **cosas que no** tienes que hacer y **cosas que sí** tienes que hacer.

Cosas que no debes hacer

No le contactes

Contacto cero. No le hables. No lo busques. Si él te busca, pero no quiere nada contigo (a veces los chicos se aburren o quieren que le des un *boost* a su autoestima), bloquéalo. Yo soy pro de bloquear a cualquier chico que quieras superar. Así evitas que él te escriba (en muchos casos, él igualmente no te iba a escribir, pero para mí, bloquearlo lo convierte en decisión mía y me quita la incertidumbre del: «¿Y si me escribe hoy?»).

Puede que te hayas hecho cercana a su familia y amigos. Tienes que cortar de raíz con todas estas relaciones. Sí, aunque te duela, porque siempre te van a recordar a él y en el fondo vas a tener la esperanza de que ese vínculo te va a servir para un día volver con él.

Además, deshazte de cualquier cosa que te recuerde a él. Eso simplemente te produce dolor innecesario. Cuando yo cortaba con un chico, tiraba a la basura todas las cosas que él me había reglado (como las escenas dramáticas de las películas jajaja), pero es que de verdad verlas despertaba un recuerdo muy fuerte de la otra persona y dolía (alguna vez he cortado con un chico del que no estaba enamorada y no tiraba nada de lo que me había dado era porque realmente no me dolía pensar en él). Si no quieres tirarlas, regálalas, dónalas. ¡O véndelas!

Ahora, podrás decir: «¡Qué exagerada! ¡Qué inmadura!». Pero en realidad esta idea la recomienda el psicólogo Walter Riso, especialista en temas de pareja y relaciones en su libro *Ya te dije adiós, ahora cómo me olvido de ti*. Lo leí un poco muy tarde después de mi primer *breakup* y lamenté no haberlo hecho antes, porque me hubiera ahorrado muchísimo dolor.

No lo stalkees en redes sociales, duh

Esto está de más decirlo, ¿no? Contacto cero no solo significa no hablarle, sino no stalkearlo. Alguna vez, después de un *breakup*, en algún momento que me sentía más "fuerte", iba a las redes sociales de mi ex para "ver cómo estaba". Todo el progreso que había hecho, desaparecía y volvía a abrir la herida. Simplemente no vale la pena.

COSAS QUE SÍ TIENES QUE HACER

Rodéate de gente que te quiere y te hace feliz

Este es el momento en el que debes estar más unida a tus amigos y familia. Cuando he tenido el corazón roto y he estado en mis puntos más bajos, me conmueve recordar a todas mis amigas que estuvieron acompañándome en esos momentos donde yo estaba desanimada.

Ve al psicólogo

Este punto es clave. Cuando tienes el corazón roto, es el mejor momento para ir al psicólogo. Tienes muchas emociones y si no sabes gestionarlas bien, te pueden jugar una mala pasada. Todavía no entiendo cómo mi familia y mis amigos, después de verme llorar 2 años por un chico, no me dijeron: «Ey, a lo mejor tendrías que ir al psicólogo». Me hubiera ahorrado taaaaanto dolor.

Descúbrete

Muchas veces los *breakups* son muy duros porque la relación se ha convertido en parte de tu identidad. Pasaban muchísimo tiempo juntos y te olvidaste de dedicarte tiempo a ti misma y a lo que te gusta. Hiciste de esa persona el centro de tu existencia, la fuente de tu felicidad. Estabas locamente enamorada y lo único que querías era estar con esa persona. Pero, muchas veces, por eso una ruptura es tan dura. Cuando se termina la relación, se acabó lo que era la fuente de tu felicidad.

¿Qué hay que hacer ahora?

Este es el momento perfecto para convertirte en una persona más autónoma. Más tú. Descubrir qué te hace feliz. ¿Qué disfrutas hacer? ¿Qué te apasiona? Puede que no lo sepas. Que no cunda el pánico. Por mucho tiempo estuve muy frustrada, porque no sabía qué era lo mío. Eso solo era porque no le había dedicado la suficiente energía mental para intentar descubrirlo.

Ahora es el momento de estar en "modo descubrimiento". Esta es tu misión. Te mantendrá ocupada y es algo que te hará inmensamente feliz. Estate atenta para descubrir qué te hace vibrar. ¿Qué te produce curiosidad? ¿Qué te gustaría aprender? ¿Qué talentos tienes que puedes trabajar? ¿Qué podrías pasar horas haciendo y no te cansas?

Es muy importante llenar nuestra vida de cosas que disfrutamos hacer. Con gente y a solas.

Mientras más cosas disfrutas haciendo sola, tu felicidad va a venir de varias fuentes y no solo de una. Por eso, si se acaba tu relación, te dolerá, pero no te desequilibrará, no perderás el norte, porque tu vida va a estar llena de cosas que te hacen feliz.

12. No te aferres a la historia que creaste en tu cabeza, PD: las señales no existen

Que no te puedas olvidar de alguien no significa que esa persona sea para ti. Solo significa que creaste un vínculo muy grande con ella.

Muchas veces, ese vínculo se hace más grande de lo que debería porque hemos creado **una historia en nuestra cabeza.**

Y voy a usar un ejemplo de mi vida para explicar esto:

Una vez me sentía ya lista para encontrar el amor. Tenía 25 años y ya sentía que era "mi momento" para encontrar al amor de mi vida. Pero... oh, no... No había ningún prospecto a la vista.

Entonces, ¿qué hice yo? Por recomendación de una amiga, recé una novena a San José. UN MES DESPUÉS, un chico increíble que me llamaba bastante la atención me escribe para invitarme a tomar un café. ¿Qué día era la cita? El 19 de marzo. Día de San José.

Yo por dentro: «Oh por Dios, *he is the one*». Era un chico bueno, chistoso, guapo, religioso. Y yo: «¡Ya está! Además, ¿el día de San José? Si esto no es una señal no sé qué es».

¿Pero cuál fue el problema? Él no actuaba como si fuera *the one*. Empezó mostrando interés, pero este fue decayendo. Pero como yo ya me había mentalizado y estaba tan empeñada en que él era *the one*, me frustré muchísimo y me aferré a la relación mucho más de lo que tenía que haberme aferrado.

La relación claramente no iba a ningún lado, pero yo tomaba las riendas e intentaba que funcionase. Él no ponía mucho de su parte, pero tampoco oponía resistencia a mis esfuerzos, porque era muy cómodo para él.

Aferrarme a la historia me quitó paz. Porque si él era el hombre de mi vida, porque "todas las señales apuntaban en esa dirección", entonces, si no sale, es porque seguro yo la cagué. Y eso generaba mucha angustia, porque significaba que estaba dejando ir al amor de mi vida.

Spoiler alert. No era el hombre de mi vida. Ni de cerca. Pero creer que sí lo era por "las señales del destino" me hizo perder una cantidad increíble de energía y me drené emocionalmente por un hombre que no se merecía mi atención, y que quizás ni se la hubiera dado de no ser por esa falsa señal. Hoy miro atrás y pienso que lo más romántico de toda esa "relación" fue romantizar la señal.

Y esto es algo que pasa constantemente. Alguna amiga me ha dicho: «No sabes... me dijo que su cantante favorito es X... Y el mío también...». «No sabes... le quiere poner a su hijo el nombre X.... y yo también. Qué fuerte, ¿no? Qué coincidencia...». **Realmente cuando nos gusta alguien somos capaces de inventarnos toda clase de señales para reconfirmar en nuestra cabeza la idea de que ÉL es el hombre de nuestra vida.**

Pero aquí te va la realidad:

No existen las señales. Una señal solo es una señal si tú quieres que sea una señal.

Así es. Si un chico que no me gustaba me hubiera pedido a tomar un café el 19 de marzo, el día de San José, justo después de haber hecho la novena, hubiera dicho «bahh, coincidencias...».

La realidad es que no existen las señales. La señal de que un chico es para ti, **es que están juntos, luchan por estar juntos, se complementan y se hacen bien.**

Por más que te guste un chico, si después de conocerlo y haberle "abierto la puerta" y darle una oportunidad, él no busca estar contigo, es por algo.

Que sigas pensando en él no es una señal de que es para ti. Simplemente es una señal de que tienes sentimientos por él.

13. No le pidas a nadie que se quede en tu vida

¿Sientes que estás persiguiendo a una persona? ¿Que haces todos los esfuerzos y el otro da lo mínimo?

Esto puede pasar tanto en amistades como en relaciones de pareja, pero lo voy a enfocar en estas últimas porque creo que es más peligroso no actuar en esos casos.

En este capítulo no voy a dar consejos de relaciones, sino de amor propio. Si conoces a un chico/a que:

— No hace un esfuerzo por verte y/o conocerte más.
— Cuando está contigo te da la sensación de que dice: «Meh, no encontré a otra persona, entonces supongo que sigo adelante con esta».

CORRE.

1. *No le gustas*

Recuerda: Si le gustas a un chico, lo sabrás. Si no le gustas, te confundirá.

Y si no le gustas ahora, no le vas a gustar por más tiempo que pasen juntos o por más detalles que tú tengas con esa persona. Lo único que conseguirás es enamorarte más y que esa persona siga igual de indiferente. Tal vez un poco más encariñada hacia ti, pero como un cariño de hermanos. O como el cariño que le tienes a una mascota. Pero no es el cariño que tú mereces.

2. *«Lo voy a conquistar»*

Cuando no le gustamos a una persona, una reacción natural podría ser el decir: bueno, voy a pasar más tiempo con él/ella, me va a conocer y seguro le intereso.

Pero te voy a decir algo: por más que te desvivas, por más que seas una persona increíble, si no lo sabe ver, simplemente no es para ti. No pierdas más tu tiempo. No hay nada que puedas hacer para ganarte a una persona que no es para ti.

3. Conoce tu valor

I mean, ¡mírate! Aunque te cueste creerlo, vales oro solo por existir. Además, cualquiera sería afortunado de tenerte en su vida. Eres increíble, tienes mil ocurrencias, muchos talentos, tienes una historia preciosa y un corazón que merece todo el amor del mundo.

Estás hecha para un amor gigantesco. No te puedes conformar con las migajas que te lanza este tipo (que seguro está bien feo y no, no es que no sea fotogénico).

Si te cuesta ver tu valor, pero sabes que lo tienes, algo que yo recomiendo es ir al psicólogo. Muchas veces no vemos lo que valemos por experiencias desagradables que hemos tenido en el pasado con familia, amigos, parejas, trabajo, etc. Ir al psicólogo te dará las herramientas para conocerte mejor y poder apreciar lo que vales.

Cuando alguien realmente ve tu valor, va a querer que tú estés en su vida. Te va a buscar, te va a llamar, va a interesarse por ti. De hecho, tal vez sentirás que tienes que frenarlo con su intensidad. Así que, *chill*. No tenemos que perseguir a nadie. El amor no se mendiga.

14. «No estoy tan mal para ir al psicólogo»

Eso es lo que le dije a mi amigo Augusto cuando me sugirió que fuera al psicólogo. Como podrán haberse dado cuenta gracias a lo que menciono a lo largo de capítulos anteriores, terminé yendo.

Pero al principio no quería ir. Lo veía innecesario. Yo era una persona normal con mis momentos altos y bajos. Y sí, últimamente tenía más momentos bajos, pero también tenía muy buenos momentos y pensaba que lo normal era estar triste después de una mala racha y que luego, poco a poco, volvería a la "normalidad".

Pero gracias a Dios fui. Después de mi primera sesión, supe que había sido la mejor decisión que había tomado en mucho tiempo. Me empecé a conocer, entendí muchas cosas de mí, y el cambio en mi vida fue tan grande que no puedo no compartir el porqué deberíamos ir al psicólogo aunque no estemos al borde del suicidio.

1. Si te importa tu salud física, el psicólogo es clave

Después de leer el libro: *Cómo hacer que te pasen cosas buenas* (recomendadísimo), descubrí que tener pensamientos y emociones negativas de forma prolongada te produce enfermedades y afecta a tu cerebro a largo plazo.

Algunos síntomas de estrés continuo son:

Defensas bajas
Indigestión
Úlceras
Enfermedades del corazón
Problemas para dormir
Sobrepeso
Disfunción eréctil
Envejecimiento prematuro de la piel
Y mucho más...

Al entender esto, me di cuenta de que era una irresponsabilidad y falta de cuidado por mi parte no ir al psicólogo.

En mi caso, llevaba sintiendo ansiedad por algunos meses, más bien años... Pero pensaba que era algo normal que simplemente tenía que aprender a controlar con ejercicios de respiración (aunque en realidad, a mí eso nunca me funcionó).

Al empezar a ir al psicólogo, descubrí cuál era la raíz de esa ansiedad y, ahora, con trabajo y cuidado por mi parte, ya no tengo una ansiedad persistente como antes. Vivo tranquila, feliz, y sin ejercicios de respiración.

2. No es lo mismo que hablar con amigos, familia o con un coach/director espiritual

El otro día le conté que iba al psicólogo a un hombre de 60 años y me dijo: «Yo no necesito ir al psicólogo, tengo amigos». Luego su esposa, más "comprensivamente", dijo: «Sí, me parece bien... Es muy bueno hablar y sacar lo que tienes dentro, yo por eso me acabo de meter a clases de canto».

Un psicólogo no es alguien que te escucha mientras asiente y te pregunta: «¿Cómo te hace sentir eso?». Tampoco es lo mismo que un director espiritual (yo pensaba que sí lo era).

A mí, el psicólogo me ayudó a ver que hay formas de pensar que tengo yo (y muchas personas que conozco) que no son sanas. Cosas que toda la vida vi como 100 % normales, pero no me hacían bien en la práctica.

Por ejemplo, estaba hablando con mi psicólogo y él me dijo:

«Parece que tienes dependencia emocional, eso significa que, si todo va bien con tu novio/mejor amiga/familia, entonces tú estás bien, pero si algo va mal con ellos, entonces estás mal».

Le pregunté si acaso eso no era lo normal.

«Ehhh, no, eso no es sano. Tenemos que trabajar en tu autoestima», me respondió.

Y como este ejemplo, muchos más. Un psicólogo es un profesional que ve cosas que tu familia y tus amigos no son capaces de ver.

3. Es como ir al doctor. ¿Por qué nadie lo recomienda?

Hay algo que me parece muy *heavy*. Todos tenemos altibajos, ¿no? Pues en los momentos en los que yo la he pasado realmente mal:

Ni mi familia
Ni mis amigos (incluso los que eran psicólogos)
Ni mis profesores
Ni mis compañeros de trabajo
Ni mi director espiritual

NADIE nunca me dijo: «Oye, te noto triste/ansiosa últimamente. ¿Por qué no vas al psicólogo?».
Nadie. En toda mi vida. *WTF?*

Es como cuando me dolían las rodillas. Todo el mundo me preguntaba con toda la normalidad: «¿Ya fuiste al doctor?», «¿Cuándo vas al doctor?», «Oye, ¿y qué te dijo el doctor?».

Pero, cuando vemos a alguien mal anímicamente o muy ansioso, ¿por qué no le preguntamos con total naturalidad si no va ir al psicólogo?

Realmente pensamos que solo tienen que ir al psicólogo las personas locas o las que están al borde del suicidio. Por eso sentimos que estamos ofendiendo a alguien si le recomendamos ir, y además nos avergüenza decir que estamos yendo.

En realidad, lo ideal es ir al psicólogo cuando no estás tan mal, porque puedes prevenir que empeores. De la misma forma, yo no digo: «Me duelen las rodillas, pero bueno, todavía puedo caminar medio cojeando, así que no voy a ir al doctor», ¿entonces por qué hacerlo con la salud mental? **¡Eso es una locura!**

4. No es normal que las cosas nos afecten tanto

¡Estas son buenas noticias! Descubrí que llevaba demasiado tiempo conviviendo con sentimientos negativos y de ansiedad, porque pensaba que eran parte de la vida:

> «Normal que tenga ansiedad... es que tengo que tomar esta decisión importante y no sé qué hacer...»
> «Es que no sé qué voy a hacer con mi vida»
> «Es que me acabo de pelear con una amiga»

Pero la realidad es que no es normal sentirse por mucho tiempo:

— Ansioso
— Tenso
— Triste
— Con miedo al futuro
— Sin esperanza
— Solo
— Desanimado

Si te sientes así por mucho tiempo, algo va mal. No es normal ni sano. Todo eso tiene una raíz y se puede curar o mejorar yendo al psicólogo.

Siempre hay una razón de fondo: algún problema de autoestima, alguna herida emocional que no se sabe gestionar...

Desde que empecé a trabajar en mí misma con el psicólogo, mi vida ha cambiado completamente.

La ansiedad que me acompañaba por tanto tiempo, desapareció. Y si de repente se vuelve a asomar un sentimiento negativo, tengo las herramientas para alejarlo cuanto antes y no dejar que se apodere de mí.

15. Entiende cómo funciona tu mente

A continuación, voy a explicar una serie de cosas que aprendí con mi psicólogo. Esto nos lo deberían enseñar en el colegio, porque es algo básico para nuestra felicidad.

TUS PENSAMIENTOS PRODUCEN TUS EMOCIONES

Muchas veces nos sentimos tristes, ansiosas, solas, con miedo al futuro, etc. Pero hay un principio básico de la psicología que me cambió la vida: **tus pensamientos influyen directamente en tus emociones.** Es decir: si te sientes triste, es porque estás teniendo un pensamiento triste. Si te sientes ansiosa, es porque estás teniendo un pensamiento que te produce esa ansiedad.

Tu cerebro no sabe diferenciar la realidad de tus pensamientos.

Si piensas: «Todo va a ir mal» (y no es necesariamente verdad), tu cuerpo va a reaccionar y va a ponerse en modo alerta.

Si piensas: «Nadie me quiere». Efectivamente te vas a sentir como si nadie te quisiera.

Si piensas: «Todo me sale mal», «soy un desastre», «nunca voy a encontrar el amor», prepárate para la ola de sentimientos negativos que vas a sentir.

Así lo explica el psiquiatra Luis Rojas Marcos en su libro *Somos lo que hablamos*:

> Cuando analizamos la forma de valorarnos interiormente, se pone en manifiesto que los juicios sobre nosotros mismos, sean globales o específicos, tienen un componente de pensamientos — "qué es lo que pienso de mí"— y otro sentimiento —"cómo me siento conmigo mismo"—. **Estos dos componentes son inseparables.** Siempre que opinamos sobre nosotros en nuestros soliloquios, la opinión va acompañada de un tono emocional afín. **De modo que, si nuestro juicio de valor es favorable, el sentimiento que lo acompaña es placentero, pero si nos consideramos inadecuados, nos sentimos mal.** Así, la autoestima positiva va acompañada de expresiones de competencia y de sentimientos de satisfacción. En el otro

extremo, las palabras de condena a uno mismo van unidas a sentimientos de culpa y decepción. **Nuestro cerebro se encarga de asegurar esta congruencia entre lo que pensamos y lo que sentimos.**

Crítica patológica en tu diálogo interior

Todos tenemos una voz interior con la que estamos dialogando constantemente. Cuando mi psicólogo me dijo que tenía que prestar atención a mi "crítica patológica", yo era escéptica, porque siempre he sido alguien alegre, positiva y dudaba que yo me pudiera estar criticando internamente.

Pero él me dijo: «La próxima vez que te sientas mal, escribe el pensamiento que te vino a la cabeza. Hazlo durante estas semanas hasta que tengamos la siguiente sesión». Dudaba que fuera a dar resultados, pero como estaba comprometida con mi progreso, decidí seguir el ejercicio que me estaba proponiendo.

Saliendo de la consulta me sentía feliz y tranquila, pero de repente me inundó un sentimiento de tristeza. En ese momento paré para poder atrapar al pensamiento que me estaba haciendo sentir así. Me tomó un tiempo identificarlo. No sabía si me lo había inventado o no porque, ¿cómo es posible que yo me estuviera diciendo algo tan feo?

Es difícil escuchar tus pensamientos si no estás acostumbrada a hacerlo, pero de todas formas lo escribí en mis notas y seguí con mi día.

Durante las siguientes semanas repetí ese mismo ejercicio cada vez que me sentía triste, sola o ansiosa, y me sorprendió que muchos de esos pensamientos se repetían una y otra vez. Eso significaba que no me los estaba inventando. Eran reales. Me estaba diciendo las mismas cosas horribles una y otra vez:

— Nunca vas a encontrar a nadie.
— Nada te sale bien.
— Nadie te quiere.
— Y muchos pensamientos negativos más.

Es normal que me sintiera tan mal si me estaba haciendo semejante *bullying* a mí misma, ¿no?

Después de ese ejercicio, pasó algo mágico. Esos pensamientos negativos perdieron mucha de su fuerza, porque verlos por escrito me ayudaba a ver lo ridículos que eran.

DESCUBRE LA MENTIRA DETRÁS DE ESOS PENSAMIENTOS Y DESARROLLA UNA VOZ POSITIVA INTERIOR

La buena noticia detrás de esto es que los pensamientos negativos que te atacan son mentira la mayoría de las veces. Lo que vas a tener que hacer es identificar la mentira y contratacar con la verdad para que ese pensamiento pierda todo su poder sobre ti. Te pongo un ejemplo con algunos de mis antiguos pensamientos:

Pensamiento: "Nunca voy a encontrar a nadie".
La verdad: Si millones de personas encuentran a alguien, ¿por qué voy a ser yo la excepción? No lo he encontrado aún, pero cada quien tiene su tiempo y seguro lo encontraré.

Pensamiento: "Nada te sale bien".
La verdad: Me cuesta que me salga bien X y Z. Estoy segura que si me esfuerzo voy a mejorar. De todas formas, tengo muchas virtudes y soy muy buena en muchas otras cosas.

Pensamiento: "Nadie te quiere".
La verdad: Quería que X estuviera en mi vida, pero esta persona no quiere estar. De todas formas tengo a A, B, C, E, F, G, H, I, J, K, L...

Todas esas personas me quieren muchísimo y me lo demuestran constantemente.

¿Te das cuenta lo diferente que se siente hablarte de una forma y de otra? Una vez que domines el arte de identificar tus pensamientos negativos, identificar la mentira y rebatirlos con una voz positiva y verdadera, estarás mucho más en control de tus emociones y tu felicidad.

La forma en la que te hablas es esencial para tu felicidad. Ahora que yo sé identificar esa crítica patológica, me es muy fácil identificarla también en la gente que me rodea. ¡La gente se habla fatal!

Hace poco estaba conversando con una amiga que la estaba pasando mal y ella me dijo: «Yo ya sé que nunca voy a mejorar...».

Ahí la paré en seco y le dije: « Escucha la barbaridad que te acabas de decir. ¿Cómo vas a creer que eso es verdad? ¿Nunca vas a mejorar? ¿En serio? ¿Nunca? ¿En los 40 años de vida que te quedan es imposible que tú, una mujer inteligente y buena, mejoren? Yo también me deprimiría si pensara como tú...».

Ella se rio y me agradeció el hacerle darse cuenta de que ese pensamiento que tenía de forma recurrente era una mentira. Una mentira podrida.

Usualmente puedes detectar la mentira dentro de tus pensamientos cuando tienen palabras muy extremas como "nunca", "todo", "nadie".

También puedes ver que es falso cuando es un pensamiento poco flexible o que te lleva a los extremos: «Si no sale bien con este chico, me voy a quedar sola». O es blanco, o es negro.

Otra forma de ver la mentira detrás de un pensamiento es porque te pones etiquetas a ti misma: «Soy muy torpe», «soy una tonta», «soy fea». Esas son etiquetas que no te definen. Sí, puede que seas torpe en ciertas cosas, pero tienes mucha habilidad en muchas otras. Sí, puede que no se te den bien las matemáticas, y sí, puede que te gustaría tener una forma de labios o nariz distinta, pero tienes muchos talentos. Quizás no seas la más guapa del mundo, pero el atractivo también lo determina la personalidad, la forma de vestir, la amabilidad.

Lo importante es que identifiques las mentiras detrás de tus pensamientos y las contrataques con una voz positiva y real que no te machaque, sino que te ayude a ser tu mejor versión.

Aunque este es un muy buen ejercicio que practico hasta el día de hoy cuando no me siento bien, te recomiendo que si te sientes triste o ansiosa lo hables con un psicólogo de la rama cognitivo- conductual, porque es un tema mucho más profundo y extenso y lo mejor es hacerlo de la mano de un profesional serio.

Vivir el ahora

Recuerdo perfectamente mis preocupaciones en enero del 2020: trabajaba en una *startup* y estaba preocupada porque no sabía si me iban a subir el sueldo o no. Desde hacía unos meses estaba pensando en los posibles escenarios que podrían suceder.

Además, me preocupaba la situación de mi departamento. Vivía en un apartamento hermoso, pero el problema era que mi casero nos hacía salir del piso en julio durante 2 semanas porque él alquilaba el lugar a un precio mucho mayor por Sanfermines (una fiesta muy grande en Pamplona). Yo estaba pensando cómo negociar para poder quedarnos allí, aunque lo veía poco probable.

Esas dos cosas me tenían súper preocupada, aunque faltaban todavía 6 meses para que ocurriesen. Lo que yo no sabía era que me estaba preocupando inútilmente, porque el

30 de enero mi jefe nos convocó a una reunión a mí y a seis otros compañeros de trabajo y nos despidió porque la empresa se estaba quedando sin financiación. Ese fue mi último día de trabajo.

Dos meses después, empezó la pandemia y cancelaron San Fermines. ¡Eso significó que nos podíamos quedar en el apartamento! Nada de lo que me preocupaba se hizo realidad. O como lo dice la psiquiatra Marian Rojas:

> El 90 % de las cosas que nos preocupan, jamás suceden. Y, sin embargo, ese conjunto de pensamientos que ronda nuestra mente («y si no encuentro trabajo», «y si no apruebo», «y si me pongo enfermo», «y si mi pareja me deja...») tiene un impacto directo en nuestra salud.

Planificar nuestra vida con mucho tiempo de antemano y preocuparnos sirve de muy poco, porque nadie sabe lo que va a pasar mañana. Incluso nadie puede poner su mano sobre fuego y asegurar que mañana va a estar vivo, porque cualquier cosa es posible. **Lo único seguro es el aquí y el ahora.**

Jesús Montiel lo dice así en su libro *Sucederá la flor*:

La enfermedad pone el tiempo patas arriba. Cuando nos acorrala, lo primero que nos pide es la moneda del futuro. Todo aquello que tenemos planeado que suceda. Me di cuenta la cantidad de tiempo que una emplea construyendo ese tiempo inútil. Hasta entonces uno se piensa que la vida se divide en lo que sucede, lo que ha sucedido y lo que sucederá. Así lo aprendemos desde niños, lo damos por hecho. Ahora sé que sólo existe lo que está sucediendo. El pasado y el futuro son un intento de poner orden a lo que sucede sin detenerse, desatadamente. La enfermedad de un ser querido, nuestra propia enfermedad, nos arrebata esa ficción en la que pasamos tantas horas y nos regala el tesoro del ahora. (...) En el hospital, todo era el último pájaro, la última nube, el último crepúsculo. Solo los tontos, los santos, los locos y los niños danzan en los salones del ahora.

Vivir instalada en el presente es indispensable para vivir una vida feliz y sin preocupaciones innecesarias. Recuerda que no sabes lo que podría pasar mañana, así que ocúpate de lo que te pasa hoy y mañana ya se verá.

16. Vales porque existes

Cuando mi psicólogo me dijo que tenía una baja autoestima pensé: «¿Yo, una baja autoestima?». No me lo creía.

Solemos pensar que tener una baja autoestima es ser alguien tímido, callado, con lenguaje corporal incómodo. Yo no era así. ¿Cómo podría tener una baja autoestima?

Pues sí, la tenía, porque de cara a todo el mundo era muy extrovertida, pero en realidad **no me sentía valiosa, no me sentía orgullosa de mí y no sentía confianza en mí misma.**

Cuando no tienes ninguna de estas cosas, empiezas a buscar fuera de ti cosas que te hagan sentir que tienes valor. Por ejemplo:

— Haciendo muchos actos buenos
— Teniendo éxito laboral
— Teniendo muchos amigos
— Teniendo pareja

— Teniendo experiencias diferentes.

— Teniendo dinero y cosas materiales

Y pensamos que nuestro valor viene de eso. Fíjate en la lista. ¿Te das cuenta que los verbos son cosas como "hacer" y "tener"? Es como si nuestro valor viniera de lo que hacemos y tenemos, y no de lo que somos.

Esa es la receta perfecta para la ansiedad. Porque si mi valor viene de lo que tengo y lo que hago, entonces tengo que controlarlo todo. Todo debe ser perfecto, tengo que estar alerta para no perder eso que me hace valer, tengo que planear mi futuro y ver qué cosas increíbles voy a hacer porque si no las hago, no valgo.

Claro que nadie piensa esto de forma consciente. Pero si nos paramos un minuto, veremos que muchas veces esa ansiedad que tenemos, es porque ponemos nuestro valor en cosas externas a nosotros: en lo que tenemos, hacemos, en lo que los demás piensan de nosotros, etc.

¿Te das cuenta lo esclavizante que puede ser una vida así? Yo lo sé porque vivía así:

Yo era una esclava del aprecio y aprobación de los demás (otros buscan el dinero, trabajo, cosas

materiales para sentirse valiosos, pero este es mi
caso particular).

Me sentía valiosa solo si sabía que tenía muchos
amigos y si sentía que la gente de mi alrededor
me quería. Mi sentido de valor era totalmente
externo a mí. Mi bienestar estaba en las manos de
otros. Y otros que no siempre tenían las mejores
intenciones. Mi autoestima variaba dependiendo
de la concepción que otros tuvieran de mí, por eso
no podía poner límites en mis relaciones, porque
quería que siempre pensaran lo mejor de mí.

Justamente porque mi valor venía de mis
relaciones, mientras más tuviera, mejor, ¿no? Yo
tenía que hacer siempre planes. Todos los días
quería ver a mis amigos. Cada tarde encontraba la
manera de socializar.

Si un día me quedaba en la casa, era un drama,
por eso planeaba qué iba a hacer cada día con
una semana de antelación. Por ejemplo: si hoy es
miércoles, yo ya estaba planeando a quién iba a
ver el lunes, martes, miércoles, jueves, viernes y
sábado de la semana siguiente.

Me da vergüenza admitirlo, pero le escribía a
una amiga para vernos el lunes, si ella no podía,
le escribía a otra, si ella no podía a otra. No me

importaba que no fuéramos súper cercanas, lo importante era quedar y sentir que tenía planes, que alguien quería tener esos planes conmigo.

Me impresiona que mi cuerpo no se cansara más. Realmente ahora pienso en el ritmo que llevaba hace unos meses y me parece agotador. Pero en ese entonces, como mi valor dependía de eso, no era un esfuerzo en lo absoluto, sino que era lo que "me daba la vida".

Este es un ejemplo de un día que fue muy agotador, pero en ese momento lo veía como algo positivo:

— A las 2 pm invité a una amiga a comer.
— A las 5:30 pm había quedado con otra amiga y fuimos a tomar algo.
— A las 8:30 quedamos con otra amiga para cenar.
— A las 11:00 llegaba mi novio de viaje, y entonces fui a verlo.

Durante 10 horas no paré de estar rodeada de gente. «Mira cuántas personas quieren estar conmigo», pensaba y me sentía feliz, aunque estuviera exhausta.

Como si fuera poco, además de ser alguien extremadamente social, sentía que tenía que darme a los demás y hacer el bien constantemente para ser una persona buena y sentirme bien conmigo misma. Este era mi horario:

— Lunes: ensayo de coro de la iglesia
— Martes: formación cristiana
— Miércoles: ensayo de coro y asistir a un grupo de jóvenes
— Jueves: voluntariado y asistir a otro grupo de jóvenes

BUFFFF. Y si había algo el viernes, me apuntaba también.

Puede que parezca agotador, pero conozco a mucha gente que hoy en día sigue el mismo ritmo de vida que yo seguía entonces.

Como yo era así, ahora yo soy capaz de identificar esto y es una *redflag* gigante: **no saber parar.**

En esa época yo me sentía egoísta si estaba mucho tiempo descansando o viendo una peli, por ejemplo. No soportaba estar una tarde sin hacer algo "productivo".

Cuando empecé a ir al psicólogo, me hizo una pregunta que cambió mi forma de ver las cosas:

—¿Tú cómo sabes que eres buena? —me preguntó después de que le conté que no podía parar de hacer cosas y tenía una necesidad muy grande de sentirme productiva y estar activa siempre.

Después de pensarlo unos segundos dije:

—Porque hago cosas buenas.

A esto, mi psicólogo respondió de forma tajante, como si hubiera encontrado la raíz de todos mis problemas:

—Tú no eres buena porque haces cosas buenas. Eres buena porque existes. No tienes que hacer nada para ser buena.

Así como lo lees.

Entender esto cambió mi vida.

Mi mente hizo por un momento un cortocircuito. ¿Cómo que no tengo que hacer cosas buenas para ser buena? Si es lo que me han enseñado toda la vida: «El que no vive para servir, no sirve para vivir», «ama hasta que duela», «olvídate de ti». Todas esas ideas se habían grabado en lo más profundo de mi corazón.

Pero después de eso respiré profundo. Me relajé y pensé: «¿O sea, que no tengo que hacer nada? ¿Y aun así valgo?». Wow. Me quité 10 kilos de encima.

Pero mi mente no entendía todavía, entonces le pregunté a mi psicólogo:

—¡¿Pero por qué?! ¿Cómo es posible? ¿Qué prueba hay de que valgo sin hacer nada?

—Un bebé no es capaz de hacer nada y aun así vale —me dijo—. Una persona en coma no es capaz de hacer nada, y su valor es exactamente igual que el tuyo.

Ahí fue que empecé a entender. Ese fue el primer paso que di para fortalecer mi autoestima: **yo soy una persona valiosa, independientemente de lo que haga, de lo que consiga y de lo que me quieran.**

Unas semanas después, todavía seguía dándole vueltas al asunto. Cuando regresé a la consulta hablé con mi psicólogo sobre esto:

—**¿Pero cuál es el límite** de vivir haciendo muchísimas cosas buenas para validarme y ser una egoísta que solo vive para sí misma?

Yo ya había caído en el primer extremo. No quería caer en el segundo. Me contestó:

—Tú tienes que estar tan llena y tan feliz, que tus actos de bondad sean fruto de tu felicidad. Tu felicidad se desborda y se ve en tus actos de generosidad. Pero no al revés. No puedes hacer "actos de bondad" para "llenarte de felicidad". Si te das cuenta, es egoísta, porque das para sentirte bien contigo misma (eso yo ya lo había vivido). Y al final, eso no te puede llenar. Irás como una desesperada por la vida viendo a quién puedes amar, o qué cosa buena puedes hacer por los demás para llenarte tú.

Como vio que hacía diana, terminó su reflexión con serenidad:

—La Madre Teresa no cuidaba a los pobres para ver si así ella se hacía más feliz. Ella estaba llena de Dios y, fruto de ese amor, quería ayudar a los pobres. Los apóstoles estaban tan llenos de Dios que fueron por el mundo para hablar de Él. No fueron por el mundo para ver si eso los llenaba. Así no es el orden.

No les puedo explicar cómo esta realidad cambió mi vida. Me di cuenta de que Dios no me creó "para" algo. Yo soy un fin en mí misma. No tengo que justificar mi existencia haciendo cosas buenas. Está bien que descanse, que disfrute, que busque lo que yo quiero.

Ahora ya no veo a mis amigos ni hago planes para que eso me haga feliz. Estoy feliz y quiero ver a mis amigos porque los quiero a ellos y quiero disfrutar con ellos. Pero no los veo porque me siento vacía y verlos "me da la vida". Sinceramente, no.

Antes me sentía como un vaso lleno de agua, pero con un agujero, que hacía que el vaso se vacíe constantemente y yo tenía que hacer muchas cosas para ser feliz y que el vaso esté constantemente lleno de agua. Ahora siento que ese hueco no existe y que necesito muy poco para ser feliz. Y es hermoso. La felicidad es mucho más accesible ahora. Valgo porque existo. **Hacer muchas cosas y tener muchos amigos, tener muchos *likes* o seguidores no me hacen mejor o peor.** No hay nada en esta vida que pueda hacer que mi valor como ser humano disminuya.

Eso sí que es liberador.

17. Cómo disfrutar tu tiempo sola

El tiempo a solas es algo que está infravalorado en nuestra sociedad.

Antes, yo planificaba mi semana para ver cada día a amigos y así no tener que estar sola. Detestaba estar sola. Me desesperaba y sentía la necesidad de ver a gente. Y cuando pasaba tiempo a solas, me ponía triste. Fue así por 7 años y pensaba que era lo normal.

¿Saben cuando en las películas un personaje se iba dramáticamente y decía: «Déjenme, necesito estar solo»? Yo pensaba que era una técnica para llamar la atención, porque en mi cabeza no cabía que alguien quisiera voluntariamente eso.

Hasta que fui al psicólogo y pasó algo espectacular: al empezar a trabajar mi autoestima, mi cuerpo automáticamente me pedía estar sola. Como siento que soy valiosa, ya no necesito tantos estímulos. Puedo estar sola conmigo misma y me siento feliz igualmente.

Pero al principio no lo entendía: ¿Yo? ¿Querer estar sola? Eso nunca me había pasado. En la siguiente cita con mi psicólogo le dije preocupada que me estaba convirtiendo en una antisocial.

Se rio y me explicó: «Hay dos extremos: los antisociales y los extremadamente sociales, como lo eras tú. Ahora, después del trabajo interno que estás haciendo, poco a poco tu cuerpo te va a pedir momentos de soledad y vas a entrar dentro de lo sano: ser social, pero también necesitar tu tiempo a solas».

Lo que quiero decir es que la soledad no es algo malo. Si no disfrutas tu tiempo a solas, si no lo ves como una oportunidad para hacer cosas que quieres hacer, te recomiendo que trabajes tu autoestima con un psicólogo.

Saber disfrutar tu tiempo a solas enriquece muchísimo tu mundo interior y te va a hacer una persona más feliz. Yo te recomiendo que empieces a hacer cosas con las que disfrutes. ¿No sabes qué te gusta? ¡No hay problema! Así empezamos todos, lo importante es que empieces a buscarlo.

Encontrar tu pasión es algo sumamente importante. ¡De hecho, vivir apasionadamente alarga tu vida! Está comprobado que, si tienes buena salud, pero no vives con ilusión, mueres antes y tu salud empeora. He aquí la importancia de encontrar algo que te apasione. Está en juego tu salud, pero más importante aún: **tu felicidad.**

Pero, ¿cómo encontrar eso que te apasiona?

Es muy sano tener y cultivar varias cosas que te gusta hacer: puede ser deporte, arte, leer, música, escribir... Pero muchas veces cuesta encontrarlo. Estamos hiperestimulados. Todo el día estamos en redes sociales, con gente o viendo series. Esto hace que tengamos menos tiempo para aburrirnos porque estamos constantemente entretenidos.

El problema es que ese entretenimiento no es algo que nos hace más felices. Es simplemente algo que nos mantiene ocupados.

¿Qué me ha funcionado a mí? Es muy sano apartar un tiempo de tu semana para estar a solas. Una tarde, por ejemplo. En esa tarde, te vas a dedicar exclusivamente a eso que te hace feliz. ¿No sabes qué es eso que te hace feliz? Lo que a mí me funciona es dejar las redes sociales por unas horas e ir a una librería.

Ojea libros y mira cuáles son los que más te llaman la atención. ¿Qué te pica la curiosidad? ¿Son los libros de cocina? ¿Repostería? ¿Jardinería? ¿Psicología? ¿Arte? ¿Cultura? ¿Historia?

Paséate por toda la librería. Huele esos libros nuevos y observa dentro de ti qué es lo que te produce más curiosidad. Te animo a comprar uno de esos libros. Y sumérgete en lo que te apasiona. Si es arte, lee el libro, compra acuarelas, empieza a pintar y conviértete en una friki de eso. **Reserva todas las semanas un tiempo para hacer eso que te gusta.**

¿Es la cocina? Compra el libro, prueba las recetas, busca nuevas cosas en internet, experimenta, sigue leyendo. Reserva todas las semanas un tiempo para hacer eso que te gusta.

¿Es la jardinería? ¡Compra semillas y llena tu casa de plantas!

Conviértete en una *nerd* de lo que te apasiona. Esto te va a beneficiar muchísimo, porque aprender a disfrutar nuestro tiempo a solas nos enriquece mucho y mantiene nuestra mente despierta y apasionada.

LA IMPORTANCIA DE TENER TU TIEMPO

De la misma forma que nos cuidamos físicamente (comiendo bien, durmiendo, haciendo ejercicio, duchándonos), tenemos que cuidar nuestro mundo interior. Si nuestro mundo interior está en orden, vamos a vivir la vida de una forma más serena y feliz.

Si somos negligentes y descuidamos nuestro mundo interior porque ponemos otras cosas antes que nosotros (hacer planes, ver a amigos, trabajar), vamos a empezar a relacionarnos con el mundo de una forma poco sana.

Mientras menos conectamos con nosotros mismos, más ansiamos conectar con alguien más. Esto no significa que desear conectar con otros sea algo malo. Al contrario, es algo muy bueno. Pero este deseo se puede desordenar si no conectamos con nosotros primero.

Sí, ya sé. Todo esto puede sonar muy abstracto. ¿Cómo podemos **concretar estas ideas**? Lo veremos en los siguientes capítulos.

18. Aprende a decir "no"

Muchas veces pensamos que decir "no" es egoísta. Pensamos que amar o ser un buen amigo es igual a olvidarte de ti mismo y hacer todo lo que el otro nos pida. Yo fui así por mucho tiempo.

Ponía como una prioridad a todos menos a mí. Es algo culturalmente bien visto, porque nunca quedas mal con nadie. Pero hay alguien con quien sí que quedas mal: contigo.

Les voy a poner un caso de la vida real de una señora, llamémosla Eliana, que hasta hoy ha llevado hasta el extremo poner las necesidades de los otros antes que las de ella.

Eliana es profesora y da clases particulares y también tiene una academia. Siente una gran pasión por lo que enseña y quiere ver a todos sus alumnos brillar. Por eso, Eliana agenda clases con sus alumnos a todas horas, incluso a la hora de la comida. Ella no necesita comer. Cuando puede, en 5 minutos se come un yogurt y con eso sigue para adelante.

Además, por las mañanas Eliana no toma agua, porque eso significaría tener que ir al baño en medio de una de sus clases y eso es un lujo que no se puede permitir.

Un día, en medio de la pandemia, Eliana estaba dando clases *online*. Aprovechó que uno de sus alumnos no se había conectado para barrer un poco su salón (Eliana no contrata a nadie para que limpie su casa, aunque tiene una empresa, porque es un lujo que no se quiere dar). Se agachó para alcanzar el recogedor de basura y al levantarse se pegó en la cabeza con la esquina de la mesa de vidrio.

De repente vio que su alumno se conectaba y corrió a su computadora para no hacerle esperar. Lo saludó y empezó la clase. Enseguida, su alumno se le quedó mirando con una cara extraña. Eliana no se había dado cuenta, pero tenía un chorro de sangre que se le escurría por la cara. Se había roto la cabeza con ese golpe en la mesa.

Eliana se secó con un trapo, se puso una curita y continuó la clase. ¿Ir al hospital? No podía dejar a su alumno sin clases.

Esta historia, desgraciadamente es de una persona que yo quiero mucho. Eliana no sabe poner límites porque considera que las necesidades de la otra persona son más importantes que las suyas.

¿Pero cuál es el límite? ¿Cómo no caer en los extremos? Nadie quiere ser como Eliana, pero al mismo tiempo no queremos ser alguien que lo único que sabe hacer en pensar en uno mismo.

En mi experiencia, lo sano es ayudar a la otra persona dentro de tus posibilidades, sin descuidarte. Tú también eres una persona que necesita ser cuidada. Si tú no te cuidas, ¿quién lo va a hacer?

Cubre tus necesidades básicas, para que tú estés bien y así puedas luego darte a los demás de la mejor forma posible.

19. Qué significa amarte a ti misma y cómo se concreta en tu día a día

Amarte a ti misma no significa darte baños de burbujas, hacer un día de spa o ponerte cada X tiempo una mascarilla hidratante mientras te tomas una copa de vino. Amarte a ti misma es mucho más que eso. Se refleja todos los días en acciones concretas y hacerlo bien **va a repercutir en la calidad de tu vida y de tus relaciones.**

Cuando vives con tus papás, ellos se suelen ocupar de ti: de que comas bien, de que estés bien, de que tu ropa esté limpia. Podría decirse que el músculo del amor propio no se ha ejercitado porque no es necesario. No te ocupas de ti misma porque otros ya lo hacen.

Cuando dejas la casa de tus papás, ahí es cuando la cosa se pone interesante.

Ahora tú estás a cargo de ti misma. Por primera vez te toca cuidarte. Cuando esto nos pasa, muchas veces no sabemos cómo hacerlo ni el tiempo que implica. Entonces, nos descuidamos. Hemos sido cuidados por otras personas por tantos años que no hemos aprendido a hacerlo por nosotros mismos.

Aquí es cuando te das cuenta de que el amor es una decisión, no un sentimiento. ¿Tengo ganas de ir al supermercado? No. ¿Tengo ganas de lavar mi ropa? No ¿Tengo ganas de cocinar? NOOOO. (Bueno, a veces sí, jaja, pero la mayoría de las veces no). Pero yo decido hacer todas estas cosas, y hacerlas bien, porque me quiero y quiero lo mejor para mí, aunque a veces me dé algo de pereza.

Suena básico, pero no saben la cantidad de personas que conozco que se dedican la menor cantidad de tiempo posible a sí mismas. Están tan ocupadas con otras cosas "más importantes" (vida social, estudios o trabajo), que dejan al final sus cuidados: no comen bien, su casa es un desastre, físicamente se descuidan...

Para empezar a cuidarte, lo primero que tienes que hacer es **darte cuenta de que eres una persona valiosa que necesita cuidados.** Si tú no velas por tu bien, ¿quién lo va a hacer? La persona más importante en tu vida eres tú y debes asegurarte de que estás bien.

¿Cómo se concreta esto en tu día a día?

Comida siempre en tu refrigeradora

Tienes que asegurarte de que no vas a pasar hambre y de que vas a tener varias opciones de comida saludable disponible para toda la semana. Desayuno, snacks, almuerzo, merienda y cena.

Si tuvieras que cuidar a tu sobrino de 6 años durante 1 semana, ¿no te asegurarías de que la refrigeradora está llena de comida rica y sana para que esté cómodo y no pase hambre?

¿No mereces tú un cuidado igual?

Haz una lista de lo que vas a comer cada semana, ve al supermercado y compra todo. Si no sabes qué cocinar, busca en internet diseños de menús por semana. Seguro hay cientos de ellos de los que te puedes inspirar. Si es algo que nunca has hecho, probablemente te vaya a costar al principio, pero con el tiempo será más fácil. Vales el esfuerzo.

Sueño de calidad

Hay miles de libros y videos de Youtube que te explicarán por qué dormir es importantísimo para tu cuerpo. Tienes que dormir bien para ser la mejor versión de ti misma al día siguiente.

Una amiga me decía: «El problema es que me voy a mi cuarto a las 11 de la noche, pero entre que contesto mensajes y me entretengo en Instagram, ya es la 1 de la mañana».

La solución es fácil si quieres dejar este mal hábito: pon tu teléfono en modo avión a las 10:30 pm-11 pm y no lo dejes en tu habitación. Ponlo en la sala o en tu baño para evitar la tentación de utilizarlo. Cuando le dije esto a mi amiga, me dijo: «Uy, no, no puedo, porque utilizo mi teléfono como despertador».

La solución es más fácil aún: cómprate un despertador. Yo me compré uno y me costó 10 €. Esto te va a permitir dejar tu teléfono fuera de tu lugar de descanso.

Redes sociales

Hay muchísima información en internet sobre cómo las redes sociales son adictivas y perjudican a tu salud mental si son usadas de forma desproporcionada. Les recomiendo el video: "Addiction to Technology is Ruining Lives - Simon Sinek on Inside Quest".

Las redes sociales son tan adictivas como apostar o como las drogas, sin embargo, no hay ningún tipo de regulación, entonces aquí es donde tenemos que ejercer, aunque cueste, nuestro amor propio.

No quiero demonizar las redes sociales, pero es evidente que hay que reducir su consumo si no queremos que afecte a nuestra calidad de vida.

Si lo primero que quieres hacer al despertarte es ver tu teléfono para ver quién te ha escrito o cuántos *likes* y comentarios tienes: eres una adicta. Creo que la gran mayoría de las personas somos o hemos sido adictas a las redes sociales. Hay varias técnicas para reducir su consumo. ¿Qué he hecho yo para empezar mi día sin ver mi teléfono?

Primero: me compré un despertador y dejé mi teléfono en el baño durante la noche.

Segundo: gracias al libro *Hábitos atómicos* de James Clear, vi que la forma más fácil de adquirir un hábito era enlazarlo a otros pequeños hábitos y formar una cadena, para que te acostumbres a hacer cada día una cosa tras otra y al final te salga hacerlo sin esfuerzo alguno. Por ejemplo:

¿Cómo son mis mañanas?

— Suena mi reloj despertador. Lo apago.

— Desayuno

— Me baño

— Me visto

— Voy a misa

— Trabajo

— Veo mi teléfono en uno de mis *breaks*

Hay una serie de cosas que hago cada mañana antes de ver mi teléfono. Al final lo veo como a las 10 am. «Pero, ¿qué pasa si alguien me escribe urgentemente?». Los fines de semana te despiertas a las 10 am o más tarde y no te angustias si no has respondido un mensaje de alguien que te escribió a las 8 am. Si alguien te escribió, que espere. El 99,99 % de las veces no va a ser una urgencia. Estamos demasiado acostumbrados a la inmediatez. No, no. *Slow down*, no pasa nada si te demoras 2 horas en responder un mensaje.

Deporte

Hacer deporte es una de las mejores cosas que puedes hacer por ti: es bueno para tu cuerpo y para tu mente. Muchas veces ponemos al trabajo o a los amigos por encima del deporte, pero esto es un error que puede afectar a tu salud a largo plazo.

Yo te recomiendo que tengas dos días por semana en los que te fijes una hora para hacer deporte: puede ser en un gimnasio o en una clase particular o mismo en tu casa. Pero haz que ese tiempo sea sagrado.

Descanso

Hablamos de dormir, pero, ¿qué pasa con tu descanso durante el día? Asegúrate de tener durante la semana momentos que te hagan feliz: ver a tus amigos, ver una película, estar con tu familia, leer.

Combina lo social con tus hobbies. Así no descuidarás a tus seres queridos, pero al mismo tiempo tendrás asegurado tu tiempo a solas para poder recargar energía.

20. Por más que suene cursi, escucha a tu corazón

Llámalo intuición, corazón o como quieras, pero esa mierda funciona.

Si llevas sintiendo algo por mucho tiempo, hay algo que tu intuición te está queriendo decir. A mí me ha pasado en muchos ámbitos de mi vida: relaciones de pareja, trabajo, familia, amigos.

Cuando tu intuición te quiere hablar, simplemente sientes que algo no está bien. Pero muchas veces tu cabeza no lo razona todavía.

Por ejemplo: ¿te acuerdas del caso de Pepe (capítulo 9)? Era un chico inteligente, trabajador, simpático, amable, comprometido, conversador, compartíamos los mismos valores, era atractivo...

Solo había un problema: no me gustaba.

Mi cabeza decía "sí", pero mi corazón me decía "no".

Intenté dejar pasar más tiempo para ver si el "no" de mi corazón se transformaba en un "sí". Lo hice así por 4 meses. El pobre Pepe estaba desesperado por mi indecisión (porque yo era honesta con él y le decía que no estaba segura de la relación).

Un día decidí parar y reflexionar. Pensé: «Si Pepe es taaan perfecto, ¿por qué no me gusta?». Enumeré todas las cualidades que me gustaban y luego tuve que hacer un esfuerzo para mencionar las cosas que no me gustaban. Cuando vi la lista, todo quedó muy claro.

Todas esas cosas que me tomaron mucho tiempo pensar y reflexionar eran en realidad las cosas que mi intuición ya me estaban diciendo desde hacía meses: este no es.

Me pasó algo parecido cuando decidí renunciar a mi trabajo. Desde hacía meses sentía que ya no quería estar ahí, pero mi cabeza decía: «Daniela, tienes un buen puesto, tienes libertad creativa, ganas dinero seguro al final del mes».

Y escuché durante varios meses a mi cabeza, pero dentro de mí, yo sabía lo que tenía que hacer. Al final, me pasó lo mismo que con Pepe. Tuve que parar y poner en una balanza las razones para quedarme y las razones para irme. Y una vez más, las razones para irme superaban las razones para quedarme.

Mi intuición tenía razón desde el principio. Pero, en ambos casos, el miedo a tomar la decisión incorrecta me frenaba.

Después de esto, siempre escucho atentamente lo que me dice mi intuición. Después de todo, ¿quién me conoce mejor que yo misma? Puede que no entienda en el momento las razones lógicas, pero que no las entienda no significa que no estén, solo que mi cabeza no las ha procesado o no he sido lo suficientemente valiente como para parar y reflexionar.

21. Sal de tu zona de confort ¡ya!

Conozco muchísimas personas que odian la situación en la que están. La detestan. Se quejan de eso todos los días de su vida. Pero siguen ahí. Nadie los obliga a quedarse, pero cada día deciden volver al lugar o con la persona que no los hace felices.

En mi experiencia, cuando tienes que irte de un lugar, lo sabes porque tu mente no te deja en paz con eso.

No paras de pensar que te quieres ir, que ya ese no es tu lugar. Tu intuición te está dando señales: **esto no te está haciendo ser la mejor versión de ti misma, deberías buscar otra cosa.**

¿Qué hace nuestro cerebro ahí? Empieza a pensar todos los motivos por los que te tendrías que quedar. Y sí, está bien, puede que no estés tan mal ahí. Pero... ¿estás tan bien como quisieras estar, o te estás conformando?

Quedarte te da una seguridad, estabilidad, rutina. ¿Por qué arriesgar todo eso por algo incierto?

Entonces, esperamos que haya una mega oportunidad o una señal del cielo que nos diga que tenemos que irnos y solo ahí, cuando tengamos todos los cabos atados, cuando estemos 100 % seguras de que vamos a estar bien, nos arriesgamos y saltamos.

Somos unos enfermos de control y de seguridad.

Pero de vez en cuando decidimos seguir a nuestro corazón y lanzarnos a lo incierto. Y cuando lo haces, sabes que hiciste lo correcto porque sientes una **paz interior espectacular.**

Esto me pasó a mí. Por muchos meses estuve en un trabajo en el que ya no quería estar. Pero ahí seguía. ¿Qué me impulsó a dejarlo? **Darme cuenta de que quedarme ahí me estaba haciendo más mal que bien.**

Empecé a pensar:

— Estoy perdiendo la oportunidad de desarrollarme profesionalmente en otro lugar.
— Estoy perdiendo la oportunidad de crecer como profesional.

— Estoy perdiendo la oportunidad de estar en una empresa que me haga feliz.

— ...

Algunas personas se quedan en el trabajo y mientras tanto buscan otras ofertas. Yo intenté eso al principio, pero en un momento me salió la oportunidad de mudarme a Madrid con unas amigas y la tomé, aunque no tenía trabajo.

Fue arriesgado, sí. ¿Tenía todo atado antes de irme? No. Pero confié en que ya llegaría algo. No me estaba aportando nada mi trabajo ya, entonces decidí lanzarme a la aventura (aunque sé que tal vez no todo el mundo puede permitirse eso).

Si la situación en la que estás no te hace crecer, te está haciendo perder. **El que no progresa, retrocede.** Entonces ahí te das cuenta de que quedarte en ese lugar "seguro", es una locura.

Cuando dejas tu zona de confort te vas a odiar

Cuando decides hacer algo arriesgado o algo que te saque de tu zona de confort, muchas veces vas a lamentarte y desearás no haberlo hecho. Vas a desear volver a atrás.

A todas las personas que conozco que han tomado la decisión que en el fondo querían tomar, mientras se acerca el momento de tomarla, se odian a sí mismas porque las invade un **miedo gigante**. Me pasó al mudarme a Madrid y le pasó a mi hermana, que es un gran ejemplo de valentía para mí:

Se mudó a Pamplona para estudiar Marketing. Le estaba gustando mucho, tenía un grupo de amigos muy grande y se la pasaba bomba. ¿Pero qué pasó? En el fondo sabía que lo que de verdad quería estudiar era gastronomía.

Así que se armó de valor y, sin decirle a nadie, aplicó al Basque Culinary Center, una prestigiosa escuela de gastronomía en San Sebastián. La aceptaron y decidió dejar la carrera de marketing para estudiar gastronomía. Le daba muchísimo miedo. No conocía a nadie en San Sebastián. Las primeras semanas en San Sebastián (y seguramente antes de ir) se odiaba a sí misma. Decía: «¿Por qué tuve que tomar esta decisión? Odio San Sebastián. Odio a la gente. Odio todo».

No tenía el mismo grupo de amigos que en Pamplona y los extrañaba con locura. Pero en el fondo sabía que era lo que tenía que hacer y después de un tiempo hizo un buen grupo de amigos y terminó amando San Sebastián.

Durante la carrera tuvo que hacer prácticas en el extranjero y ella decidió irse a Bali para cocinar en un restaurante top. Días antes de viajar se estaba maldiciendo a sí misma. No quería irse tan lejos, estaba llena de miedo. Pero se fue, y adivinen qué: fue una de las experiencias más espectaculares de su vida.

Un año después, tenía que volver a hacer prácticas en el extranjero y decidió irse a Perú. Yo estuve con ella unas semanas antes de que volara y recuerdo que se estaba maldiciendo a sí misma de nuevo. No quería irse. No quería dejar a sus amigos atrás. La inundaban pensamientos de tristeza. Deseaba que por algún motivo se cancelaran sus prácticas y tuviera que quedarse en San Sebastián.

¡Una semana después de que llegó a Perú hablé con ella por teléfono y me dijo que estaba feliz y que le estaba encantando la experiencia.

Si sigues a tu corazón, vas a sentir miedo al principio. Pero siempre va a valer la pena.

22. El error de intentar planificar nuestra vida al milímetro

Cuando descubrí lo que les voy a contar, la calidad de mi vida mejoró considerablemente.

Yo siempre he tenido mi vida planificada y no me gustaba que las cosas no salgan como yo quería. Era una enferma del control y, mirando atrás, muchas cosas que deseaba con todo mi corazón no siempre eran las mejores para mí.

De hecho, la mayoría de las veces que las cosas no salieron como yo quise, con el tiempo me di cuenta de que fue lo mejor que me pudo haber pasado. Por ejemplo:

— Me despidieron de mi primer trabajo porque la empresa se quedó sin fondos. Estaba destrozada y tenía una incertidumbre muy grande. Pero el periodo que estuve sin trabajar me permitió formarme y dar un salto profesional increíble.

— Cuando inició la pandemia estaba en México con mis tíos y prima e intenté viajar a Estados Unidos para estar con mis papás. Tomé el avión, llegué al aeropuerto, no me dejaron entrar y me devolvieron a México con mis tíos y mi prima. Lloré, me puse triste, pero esos 4 meses que estuve "atrapada" en México fueron de los meses más bonitos de mi vida. Fue lo mejor que me pudo haber pasado que las cosas no salieran como yo quería.

— Cada vez que me rompían el corazón, después de un tiempo veía claramente que esa persona no tenía que estar en mi vida.

Gracias a Dios mi vida no ha salido según mis planes. Pero, ¿cómo se vive esto en el día a día con paz mental? Todos tenemos una idea de cómo nos gustaría que fuera nuestra vida, pero, ¿tiene sentido planificarla al milímetro?

En una sesión con mi psicólogo estábamos hablando de esto y me dijo:

«Planea lo que te gustaría alcanzar, pon los medios para conseguirlo y confía. Tienes que confiar que todo estará bien».

Le pregunté: «¿Por qué haría eso? ¿Qué me garantiza que todo estará bien?».

Suspiró y me contó el siguiente caso:

«Conocí a una pareja que, desde que se casaron, intentaron tener hijos. Intentaban e intentaban y no podían. Se sometieron a tratamientos de fertilidad y tampoco daba resultado. Estaban desesperados. Hasta que un día por fin **aceptaron** que no iban a tener hijos. Decidieron rentar una caravana y tomarse un tiempo para viajar por el mundo. Al instante, quedaron embarazados.

Resulta que el cortisol, que es la hormona del estrés, reduce la progesterona, que es la hormona que te ayuda a concebir. En el momento en que la mujer se relajó y dejó de producir tanto cortisol, su progesterona subió y pudo quedar embarazada. **Pon los medios para que las cosas sucedan y confía**».

No podemos controlar la gran mayoría de las cosas. Lo único que podemos controlar de verdad es nuestros pensamientos y nuestra actitud. Por eso, **si quieres que algo pase, pon los medios que estén a tu alcance y luego confía que lo que sea que tiene que salir, saldrá**.

Las cosas no van a llegar a ti mágicamente. Claro que tienes que poner de tu parte. Pon los medios y confía. Confía descaradamente. **Pero no te aferres a tus planes**, porque a veces la vida tiene preparada para nosotros cosas mucho mejores de las que nosotros podríamos imaginar.

Muchas veces tenemos una mente tan limitada y pensamos que lo que queremos es un McDonald's, pero en realidad lo que la vida (o Dios, que es lo que yo personalmente creo) nos tiene preparado es un festín estrella Michelin.

23. Entendí la vida en medio de un bosque

Cuando vivía en Pamplona trabajaba en una residencia universitaria dirigiendo el departamento de Marketing y Comunicación. Durante el otoño se nos ocurrió que podía ser una buena idea visitar la Selva de Irati, un bosque gigante al norte de Navarra donde en esa época del año todos los árboles se ponen amarillos, naranjas, rojos... Pensamos que a los chicos de la residencia les podría gustar y organizamos la excursión para ir un sábado.

Como los residentes no estaban acostumbrados a hacer senderismo, escogimos una ruta sencilla. Dar la vuelta al lago más famoso de la Selva de Irati. Cinco kilómetros en total. *Easy peasy*. Teníamos miedo de perdernos y pensamos en contratar a una guía. Pero la guía costaba como 300 euros, lo que nos pareció una barbaridad, entonces decidimos buscar la ruta en nuestro teléfono y listo. No podía haber una ruta más fácil que esa.

Llegó el día y nos subimos a un bus. 70 personas. Muchísima gente quería ir y se notó en este viaje. Pero cuando llegamos a la Selva de Irati, nos encontramos con un problema: el bus era tan grande que no podía seguir avanzando hasta la ruta que teníamos planificada. Nos explicaron que podíamos hacer otra ruta más larga siguiendo las marcas verdes y blancas que había en los árboles y nos dieron un mapa.

Yo estaba muerta del miedo, porque era la única del equipo que estaba acostumbrada a hacer senderismo. Tenía a mi cargo a 70 personas. 70 universitarios. ¿Y si nos perdíamos? Nunca había guiado una ruta de senderismo. Siempre había alguien con más experiencia liderando. Yo estaba acostumbrada a seguir, no a guiar. Así que tenía miedo, sí.

Pero sabía que, si yo transmitía miedo, los estudiantes se iban a alborotar e iba a reinar el caos. Así que actué con confianza y entramos a la ruta.

Y ahí pasó algo muy extraño. Sentí que ese camino era mi vida. Desde que era pequeña, había alguien que me guiaba: guardería, colegio, universidad, prácticas. Mi vida estaba bien marcada. Pero llega un punto en la vida adulta donde ya no hay más indicaciones. Tú debes tomar las riendas de tu vida y te sientes perdida. En ese momento, en mi vida me sentía tan perdida como en ese bosque guiando a 70 universitarios. No sabía a dónde iríamos o cómo llegaríamos.

Entramos al bosque y no había un sendero claro. Solo había árboles. Era literalmente mi vida. ¡¿Por dónde tengo que ir?! «Intenta no parecer confundida, Daniela». Pero me entró el pánico. De repente, una chica al lado mío señala un árbol a lo lejos: «Ahí hay una marquita verde y blanca».

«Bendito sea Dios», pensé. Qué alivio. Caminé hacia la marca verde y blanca y un momento después vi otra. En un momento dejé de ver marquitas, pero con confianza dije: «Por aquí». Subimos una colinita. Error. Desde lo alto vi a una pareja que estaba siguiendo un sendero marcado. Ups. Qué alivio que cuando tomas el camino incorrecto, vas a encontrar personas que te señalan al camino que debes de volver.

Nos costó bajar esa cuesta. 70 universitarios deslizándose poco a poco por la colina para retomar el camino. ¿Dónde estaba la pareja? Quería seguirla para siempre para no tener que preocuparme más. Pero eran muy rápidos y habían desaparecido.

Pero ya estábamos de vuelta en nuestro camino. Entonces, preocupada, intenté buscar el siguiente árbol marcado de blanco y verde. Y cuando lo encontré, solo estaba alerta para encontrar el siguiente.

«Espera un minuto», pensé. «Estoy tan preocupada por encontrar la siguiente señal que no estoy pudiendo disfrutar del camino. El camino está bien señalizado. Muchas personas lo han hecho. Además, la persona que lo señalizó conoce el camino y quiere que lo disfrutemos. Se encargó de poner señal tras señal. **Voy a disfrutar del camino y confiar que cuando llegue el momento veré la siguiente señal que me indicará a dónde ir**».

Y así lo hice. Empecé a disfrutar del camino. Las hojas de los árboles estaban hermosas. Una chica que estaba caminando al lado mío me contó su historia y conectamos muchísimo.

Cada poco tiempo deteníamos la marcha para asegurarnos que nadie se quedara atrás. En un momento, uno de mis compañeros se acercó a mí y me dijo: «Daniela, ¿sabes a dónde estamos yendo?». «No tengo idea», le respondí, «pero seguro es un buen lugar».

Estaba todo señalizado, no había pérdida. Alguien diseñó el camino que estábamos siguiendo.

Seguimos caminando y yo solo me maravillaba de los paisajes y sorpresas que nos traía el camino. Además, estaba ilusionada de a dónde nos llevarían las marcas blancas y verdes. Todo era nuevo. Todo era una sorpresa. Llegamos a la cima de la montaña y nos sentamos a comer mientras disfrutábamos de las vistas. De repente apareció un grupo de cabras que nos querían quitar la comida, luego vimos a unos caballos pastando tranquilamente.

Nos tomamos la foto grupal y empezamos a volver. Al final del camino tenía tanta confianza de que todo iba a estar bien, que mi única preocupación era disfrutar del camino.

Muchas veces en la vida nos agobiamos porque no sabemos qué hacer. No sabemos qué camino seguir.

No sé cómo va a ser mi camino. Pero confío ciegamente en Dios, que es quien puso las marcas que sé que debo seguir. No sé cuál va a ser el final, pero sé que va a ser algo mucho mejor de lo que me imaginaba. Solo sé que tengo que disfrutar el camino y esperar a ver la siguiente señal que me diga a dónde tengo que ir. Y seguir una señal a la vez. Si no veo la siguiente, llegará en su momento.

No tengo idea de a dónde voy a ir. Y no me importa. Confío que el camino estará lleno de paisajes increíbles y sorpresas con las que no contaba encontrarme.

Después de ese día me sentí tan feliz de haber superado mis miedos. Sentí lo que significa dejarse llevar y confiar. Y desde luego, fue un plan mucho más bonito que el que teníamos pensado inicialmente.

24. Nunca vas a estar 100 % lista para nada

Antes de mudarme a España para estudiar mi carrera, no me sentía lista para dar ese paso. Y adivinen qué: lo hice. Me dio miedo. La pasé mal al principio, pero lo hice. Aprendí a vivir sola y crecí como nunca.

Antes de empezar a trabajar, no me sentía lista. Sentía que no sabía nada. No sabía cómo funcionaba el mundo laboral. No estaba acostumbrada al ritmo de vida. Pero empecé y aprendí muchísimo.

Cuando me contrataron en una empresa de Pamplona para llevar el departamento de marketing, te prometo que no me sentía lista. Tenía miedo de hacerlo mal. Nunca antes había dirigido un departamento de marketing. Pero lo hice y ayudé a la empresa a mejorar su reputación a través de su comunicación y redes sociales.

Cuando empecé a escribir este libro, no me sentía lista. «¿Yo, escribir un libro?», pensaba a veces. «Qué vergüenza», «qué va a decir la gente», «¿y si nadie lo lee?».

Bonnie Ware, una enfermera que pasó muchos años en contacto con personas a las que les quedaban menos de 12 semanas de vida, recopiló los 5 arrepentimientos que la gente suele tener antes de morir en su libro *The Top Five Regrets of the Dying*.

Uno de los arrepentimientos más comunes antes de morir es no haber cumplido los sueños que tenías por el "qué dirán" o por hacer lo que los otros esperan que tú hagas, en vez de ser quien realmente quieres ser, quien realmente eres.

Cuando leí un reportaje que hablaba de esta enfermera y sus descubrimientos, vi claramente que tenía que superar mi miedo y escribir este libro.

¿Me sentía lista? No. La verdad es que nunca te vas a sentir 100 % lista para nada que te saque de tu zona de confort. Pero eso es bueno. Si sientes una mezcla de miedo y emoción, es una buena señal. Significa que es un reto y te vas a poner a prueba. Significa que vas a crecer. La vida es para los valientes. Da el salto, aunque tengas miedo. Va a valer la pena.

Porque tú vales la pena.

ESTE LIBRO, PUBLICADO POR
EDICIONES RIALP, S. A.,
MANUEL URIBE 13-15, 28033 MADRID,
SE TERMINÓ DE IMPRIMIR EN
ANZOS, S. L., FUENLABRADA (MADRID),
EL DÍA 7 DE OCTUBRE DE 2024.